Jud Wilhite

Trotzdem

Wer dich hält, wenn alles zerbricht

Über den Autor

Jud Wilhite ist Autor, Referent und Pastor der *Central Christian Church* in Las Vegas.
Als Teenager hatte er jahrelang Suchtprobleme, bis er schließlich zu Gott fand. Wilhite hat ein Herz für Menschen, die schwere Zeiten durchmachen. Er ist Mitbegründer der Organisation „People of the second chance“.

JUD WILHITE
TROTZDEM.
Wer dich hält, wenn alles zerbricht
GerthMedien

MIX
Papier aus verantwortungsvollen Quellen
FSC® C014496

Verlagsgruppe Random House FSC-DEU-0100
Das für dieses Buch verwendete FSC®-zertifizierte Papier *Enso Classic 95* liefert Stora Enso, Finnland.

Originally published in English under the title: Torn by Jud Wilhite

Published by Multnomah Books, an imprint of The Crown Publishing Group, a division of Random House, Inc.
12265 Oracle Boulevard, Suite 200, Colorado Springs, Colorado 80321 USA
Published in association with Yates & Yates, LLP.
Attorneys and Counselors, Orange, California.

International rights contracted through: Gospel Literature International
P.O. Box 4060, Ontario, California 91761-1003 USA

This translation is published by arrangement with Multnomah Books, an imprint of The Crown Publishing Group, a division of Random House, Inc.

Dillerberg 1, 35614 Asslar, Germany

Die englische Originalausgabe ist im Verlag Multnomah Books erschienen, an imprint of The Crown Publishing Group, a division of Random House, Inc. unter dem Titel „Torn“.

Best.-Nr. 816764
ISBN 978-3-86591-764-5
1. Auflage 2013
Lektorat: Antje Balters
Umschlaggestaltung: Nicole Riegert, Grafikdesign
Titelfoto: blickwinkel/McPHOTO
Satz: Die Feder GmbH, Wetzlar
Druck und Verarbeitung: GGP Media GmbH, Pößneck
Printed in Germany

Für das Leitungsteam
der Central Christian Church.
Ihr habt ein Herz
für zerbrochene Menschen.

Inhalt

Einleitung

Ich bin von Natur aus ein fröhlicher Mensch. Oft bekomme ich den Vorwurf zu hören, dass ich zu viel lächle, aber ich hoffe sehr, dass sich daran für den Rest meines Lebens nichts ändert. Es hat aber auch schon Zeiten gegeben, in denen mir absolut nicht zum Lachen war. Ich fühlte mich wie Bilbo Beutlin in *Der Herr der Ringe*, als er sagt: „Ich bin alt, Gandalf. Man sieht es mir nicht an, aber innerlich fühle ich mich allmählich so. Ich komme mir ganz dünn vor, gewissermaßen *auseinandergezogen*, wenn du weißt, was ich meine: wie Butter, die auf zu viel Brot verstrichen wurde."[1]

In den vorangegangenen Jahren ist die Gemeinde, in der ich gearbeitet habe, rasant gewachsen, und ich hatte ständig das Gefühl, so schnell rennen zu müssen, wie ich konnte, um all das zu schaffen, was anlag. Gleichzeitig mit diesem Wachstum erlebten wir aber vor Ort eine starke wirtschaftliche Rezession. Mit den finanziellen Einschnitten fertig zu werden, die das für die Gemeinde, aber besonders auch für Familien und Einzelpersonen mit sich brachte, und Menschen beraten zu müssen, die nicht mehr ein noch aus wussten, ohne Erfahrungen auf diesem Gebiet zu haben – diese Belastung forderte immer mehr ihren Tribut. Ich bin genug herumgekommen, um zu wissen, dass zwischen der Armut in der westlichen Welt und der weltweiten Armut noch ein gewaltiger Unterschied besteht, doch das Leiden unter diesen wirtschaftlichen Problemen war tiefgreifend und kam zudem ziemlich überraschend. Die Zahl der

Selbstmorde in unserer Stadt und unserer Gemeinde waren ein Beweis dafür, wie abgrundtief die Verzweiflung oft war.

Auch in meinem Privatleben gab es manches, was schwer war. Ich musste mit ansehen, wie ein Lungenemphysem meiner Mutter zunehmend das Atmen erschwerte und sie schließlich daran starb. Während ich noch um sie trauerte, wurde ich im Internet von Bloggern, von denen einige so gut wie gar nichts über mich wussten, übel verleumdet. Der Höhepunkt dieser schweren Zeit war dann ein Besuch bei meinem Vater. Ich wollte mich vor Ort vergewissern, ob er nach dem Tod meiner Mutter allein zurechtkam, aber bei meiner Ankunft erfuhr ich, dass er ins Krankenhaus eingeliefert worden war, weil sich sein Gesundheitszustand rapide verschlechtert hatte.

Als sich diese Belastungen in meinem Leben dermaßen häuften, stellte ich mir irgendwann auch die Frage nach dem Warum. Ich fand es ungerecht, dass ich mit so viel Schwerem auf einmal fertig werden musste. Natürlich war mir klar, dass meine Probleme, verglichen mit dem, was viele andere Menschen aushalten müssen, relativ geringfügig waren, aber es waren nun mal meine Probleme (so wie Ihre Ihre sind), und schwer ist nun mal schwer. Die Art, wie wir selbst unsere Situation betrachten, mag uns zwar eine Zeit lang ein Trost sein, aber eben nur eine Zeit lang und dann nicht mehr.

Eines Tages merkte ich, wie ich einfach dasaß, das Gesicht in den Händen vergraben, und eine Mischung aus Wut und „es-satt-haben" empfand. Ich hatte das Gefühl, meine Welt zerbreche einfach.

Können Sie das nachvollziehen? Haben Sie sich auch schon einmal gefragt, wo Gott eigentlich ist, wenn in unserem Leben Chaos herrscht? Haben Sie etwas, das Ihnen passierte, auch schon einmal einfach als unfair empfunden?

Haben Sie sich auch schon einmal *so zerrissen* gefühlt?

Das ist unfair!

Das Gefühl, dass etwas unfair ist, erlebt man tagtäglich auf der ganzen Welt, aber auch im ganz kleinen Rahmen – zum Beispiel bei mir zu Hause. Meine Tochter Emma sagt beispielsweise: „Ethan (das ist ihr Bruder) durfte erst letzte Woche einen Film aussuchen. Es ist unfair, wenn er diese Woche schon wieder dran ist!"

Ethan sagt: „Emma hat vorhin zwei Stücke Schokolade gekriegt und ich nur eins. Das ist unfair!"

Und ich sage: „Letztes Mal habe ich den Müll rausgebracht. Jetzt ist Mama dran, sonst ist das unfair!" (Okay, ich gebe zu, dass ich es nicht gewagt habe, das laut auszusprechen, aber gedacht habe ich es.)

Jeder kennt das Gefühl, zu kurz zu kommen und empfindet es als unfair. Der Nachbar fährt in einem tollen neuen Auto vor, und Sie müssen weiter Ihre alte Rostlaube fahren. Der Kollege, der sich vor allen unbequemen Arbeiten drückt, bekommt eine Gehaltserhöhung, während Sie nur so gerade über die Runden kommen. Ihre Ehefrau erkrankt an Krebs, obwohl sie noch jung ist, Ihr Teenager nimmt Drogen, bei Ihrem Kind wird eine unheilbare Krankheit diagnostiziert, Ihr Ehemann stirbt bei einem Militäreinsatz oder Sie verlieren durch Ihr übermächtiges Verlangen nach Alkohol alles, was Ihnen lieb und teuer ist. Ihr Leben geht den Bach hinunter. Das ist unfair. Dasselbe empfindet wahrscheinlich auch Hiob, als er sagt: „Gott hat kein Recht, mich so zu behandeln – das ist nicht fair!" (Hiob 23,2; The Message; aus dem Amerikanischen übersetzt).

Jeder kennt das Gefühl, zu kurz zu kommen.

Wir sind zerrissen. Wir leiden. Wir kämpfen. Und wir fragen uns, warum.

Die Frage nach dem *Warum*

Wenn wir mittendrin stecken in Problemen, Kummer und Leid, sind wir oft versucht, Gottes Güte anzuzweifeln – zumindest seine Güte in Bezug auf *uns*. Er mag ja durchaus ein guter Gott sein, denken wir, aber offensichtlich zahlt er uns gerade all das heim, was wir falsch gemacht haben oder was wir hätten tun sollen, aber unterlassen haben. Vielleicht bekommen wir jetzt die Quittung dafür, dass unsere Ehe gescheitert ist oder dass wir nur mittelmäßige Eltern sind oder dass wir heimlich abgetrieben haben.

Wir suchen nach einem Grund. *Wenn Gott mich wirklich liebt und mir beisteht, warum passiert dann so etwas? Wenn er wirklich gut ist, warum greift er dann nicht ein und bringt alles in Ordnung?*

Und wenn wir dann einen Blick über den Tellerrand werfen und uns diese Welt anschauen, fragen wir uns: *Warum hält er den Tsunami nicht auf, bevor Tausende von Männern,*

Frauen und Kindern darin umkommen? Warum verhindert er nicht, dass ein Haus, in dem lauter gute Menschen gelebt haben, von einem Tornado einfach weggerissen wird? Warum sorgt er nicht dafür, dass es keine Erdbeben und Überschwemmungen mehr gibt? Warum verhindert er nicht, dass Brücken einstürzen? Warum bewahrt er uns nicht vor Terroranschlägen, vor Kindesmissbrauch und betrunkenen Autofahrern?

Wenn solche unerwarteten und unfassbaren Dinge passieren, dann sind wir oft auch versucht, Gottes Macht anzuzweifeln. *Vielleicht*, so denken wir, *ist er einfach nicht mächtig genug, um so etwas zu verhindern. Er mag ja in dieser kaputten Welt sein Bestes geben, aber vielleicht haben ja seine Macht und sein Einfluss doch Grenzen.* Solche Gedanken zweifeln zwar die Güte Gottes nicht an, aber sie sind auch nicht besonders tröstlich, wenn die nächste Krise kommt.

Manche Menschen werfen deshalb ihren Glauben ganz über Bord. Bart Ehrman beispielsweise ist einer von ihnen. Schon als Teenager übergab er sein Leben Jesus und bezeichnete sich als wiedergeborener Christ. Nach dem Schulabschluss studierte er Religionswissenschaften und verlor dabei seinen Glauben. Ehrmann hat ein Buch geschrieben mit dem Titel: *God's Problem: How the Bible Fails to Answer Our Most Important Question – Why We Suffer* (auf Deutsch etwa: Gottes Problem: Dass die Bibel unsere wichtigste Frage – die nach dem Leid – nicht beantwortet). Er schreibt: „Ich konnte die Glaubensaussagen nicht mehr mit den Tatsachen des Lebens zusammenbringen … Irgendwann konnte ich einfach nicht mehr glauben, dass es einen guten und freundlich gesonnenen Herrscher gibt, der das Sagen hat.“[2] Für mich persönlich warfen Ehrmans Antworten nur noch mehr Fragen auf, denn sie verstärkten meine Einsamkeit und meine Verwirrung noch, sodass ich das Gefühl hatte, völlig allein und verlassen in einem Universum ohne Hoffnung zu leben.

Solche Sichtweisen sind keineswegs neu. Über das Thema Gott und das Böse sind schon endlose Diskussionen geführt und so viele Bücher geschrieben worden, dass man damit ganze Bibliotheken füllen könnte. Dennoch bleibt die Tatsache, dass Menschen leiden – auch Sie. Ich leide. Wir alle leiden. Und unsere reflexartige Reaktion auf Schmerz und Leid ist nun mal die Frage nach dem Warum.

Als ich damals in meinem Schmerz die Bibel zur Hand nahm, war ich überrascht festzustellen, dass Gottes Antwort auf diese Frage ganz anders lautet, als es eigentlich zu erwarten wäre. Er stellt nämlich eine Gegenfrage.

Fragen Sie nach dem *Wer,* nicht nach dem *Warum*

Wenn wir in der Bibel nach einer Antwort suchen auf die Frage, warum es das Böse und das Leid auf der Welt gibt, dann suchen wir vergebens. Diese Frage bleibt nämlich unbeantwortet. Wir lesen von einem Gott, der souverän ist und gut, allmächtig und liebevoll, von einem Gott, der stark genug ist, um unser Leiden zu beenden, und dessen Güte so groß ist, dass er nur unser Bestes im Sinn hat. Aber dennoch gibt es keine endgültige, wasserdichte Lösung für das ewige Drama der Welt – das Leiden.

Doch es gibt so viel mehr.

In der Bibel erfahren wir, dass Gott aus unserem Leiden etwas Gutes macht, dass er es nach einer Weile in Freude verwandelt; dass es uns Jesus ähnlicher macht, dass wir durch Leiden seine Herrlichkeit in unserem Leben erfahren und dass das Leiden uns ermutigt, ihm zu vertrauen (denn wenn immer alles perfekt wäre, wozu bräuchten wir dann noch Glauben?). Doch das sind nicht die Antworten, die wir hören möchten, wenn wir innerlich völlig zerrissen sind.

Die biblischen Zeugnisse von Schmerz und Leid und über die Folgen der Sünde sind keine mathematischen Formeln, die rational zu verstehen sind, sondern sie sind die ständige Verkündigung eines Gottes, der regiert und liebt, und sie erinnern uns immer wieder daran, dass wir all unsere Sorgen auf ihn werfen sollen. Gott will, dass wir auf *ihn* hoffen.

Mit anderen Worten: Wenn es um das Leid geht, ist *Warum* gar nicht die grundlegende Frage. Selbst wenn alle unsere Fragen nach dem *Warum* beantwortet würden, könnte es sein, dass die Antworten uns gar nicht zufriedenstellen würden und somit nicht zur Linderung unseres Schmerzes beitragen könnten. Es kristallisiert sich eine grundlegendere Frage heraus.

Nach Aussage der Bibel ist das die Frage nach dem *Wer.* Wem vertrauen wir, wenn es in unserem Leben eng wird und wir scheitern? Auf wen setzen wir unser Vertrauen in den Herausforderungen des Lebens, und an wen wenden wir uns in unserem Schmerz? *Wer hat unser Vertrauen verdient?*

In den seelischen und geistlichen Herausforderungen, mit denen ich damals zu tun hatte, war es letztlich diese

Zuverlässigkeit und Glaubwürdigkeit Gottes, die mir Hoffnung gab. Indem ich nicht mehr zuerst auf meine Lebensumstände schaute, sondern mich zuallererst auf die wunderbare Souveränität Gottes konzentrierte, konnte ich mich auf eine ganz neue, tiefere und intensivere Weise an ihm freuen. Ich wurde reifer. Das haben Schwierigkeiten nämlich so an sich, dass wir an ihnen wachsen und reifen und dadurch auf die nächste Lebens- und Glaubensphase vorbereitet werden, die Gott für uns bereithält.

Wenn unsere Welt zusammenbricht, egal, ob das langsam Stück für Stück passiert oder plötzlich auf einen Schlag, dann erschüttert das nicht nur unseren Frieden, sondern auch unser Vertrauen, unsere Sicherheit und unseren Glauben. Etwas in uns zerbricht. Aber auch und gerade wenn wir zerbrochen sind, ist Gott uns nah und flickt die zerfransten Enden unseres Herzens wieder zusammen.

> Nicht das *Warum* ist die grundlegende Frage, wenn es ums Leid geht. Die grundlegende Frage ist die Frage nach der Person. Auf wen können wir uns verlassen in den Krisen und Katastrophen unseres Lebens?

Ja, wir stellen sogar fest, dass Schmerz und Leid die Existenz eines allmächtigen und liebenden Gottes nicht ausschließen, sondern dass ein allmächtiger und liebender Gott über den Schmerz herrscht. Selbst wenn unsere Frage nach dem *Warum* beantwortet wird, ist es ja eher unwahrscheinlich, dass sich unser Schmerz über den Verlust eines geliebten Menschen oder über unsere Schwierigkeiten bei der Arbeitssuche plötzlich in Luft auflöst. Wenn wir aber wissen, wer die Macht hat, uns zu retten, und wer so liebevoll ist, dass er es so tut, wie wir es vielleicht nie erwartet hätten, dann können wir das Leid und den Schmerz mit ganz anderen Augen sehen. Und dann können wir weitermachen und uns im Hier und Jetzt damit befassen.

Und schließlich … *wie?*

Die meisten Menschen, die ich seelsorgerlich betreue, wünschen sich nichts sehnlicher, als ihren Schmerz und ihr Leid anders betrachten zu können. Sie suchen verzweifelt nach irgendetwas, das ihnen dabei helfen könnte, ihre Gedanken und Gefühle zu sortieren, denn das Chaos der Umstände, in denen sie stecken, gibt ihnen das Gefühl, darin unterzugehen. Es ist ja schön und gut, wenn wir Gottes Güte und Gnade verkünden und uns gegenseitig immer wieder versichern, dass Gott die Herrschaft und Kontrolle über unser zerrissenes Leben und unser gebrochenes Herz hat. Wir können endlos über den richtigen Weg reden, aber der Glaube, dass das Auto fährt, ist völlig bedeutungslos, wenn wir nicht auch damit fahren.

Nach dem *Wer* wollen wir wissen – *müssen* wir wissen – *wie*. Wie sollen wir weitermachen? Wie sollen wir unsere Gedanken und Gefühle sortieren? Wie schöpfen wir neue Kraft? Wie bauen wir auf den Trümmern um uns her Neues auf? Wie können wir vergeben? Wie treffen wir die Millionen kleiner Entscheidungen, die in ihrer Summe ein Leben für Gott ausmachen, auch wenn wir innerlich zerbrochen sind?

Ich möchte im Folgenden gern mit Ihnen zusammen diesen Gott näher erkunden, der sich kümmert und der

Hoffnung gibt, und ich möchte Ihnen weitersagen, was ich über ihn erfahren und mit ihm erlebt habe.

In Teil 1 des Buches werden wir uns näher mit der Frage nach dem *Wer* beschäftigen und uns anschauen, warum es so wichtig ist, auf einen Gott zu vertrauen, der mächtig und souverän ist, auch wenn wir innerlich zerbrochen sind. Wir werden uns Gedanken darüber machen, was es bedeutet, unsere Erwartungen an Gott und das Leben anhand der Bibel zu prüfen, und wir werden sehen, wie sehr Gott sich unseres Vertrauens als würdig erweist – nicht nur, weil er herrscht, sondern auch weil er gut ist und liebt.

In Teil 2 werden wir den Blickwinkel noch etwas erweitern und uns ausführlicher mit der Frage nach dem *Wie* befassen, damit wir irgendwann auch weitermachen und die Scherben unseres Lebens wieder zusammensetzen können. Wir werden erkennen, wie wichtig die Gemeinschaft mit anderen für uns ist, und wir werden unsere Vorstellungen über Gott und andere Menschen gründlich prüfen. Wir werden ganz praktische Möglichkeiten kennenlernen, wie man für Freude kämpfen und mit negativen Gefühlen wie Trauer, Zorn und Depressionen umgehen kann. Wir werden uns damit befassen, wie man anderen vergeben und selbst Vergebung annehmen kann, und wir werden uns unsere Hoffnung zurückholen und die Aussicht, ganz heil zu werden.

Wenn Sie sich nach einem Gott sehnen, dessen Wert und Würde darauf beruht, wer er ist, und nicht nur darauf, was er uns gibt …

Wenn Sie die Gewissheit brauchen, dass Sie in Ihrem Schmerz nicht allein sind, dass Gott gut und mächtig und *für Sie* ist …

Wenn Sie halbherzige, unbefriedigende Antworten leid sind und sich einen starken Glauben wünschen, der Sie auch in den Schwierigkeiten des Lebens trägt …

… dann lesen Sie weiter. Wir werden lernen, einen guten Gott zu ehren, auch wenn wir zerrissen sind, und wir werden neue Hoffnung für unser zerbrochenes Leben finden.

Teil 1

Gott vertrauen, auch wenn man zerbrochen ist

1

Zerbrochen

In meiner Kindheit war der Spielplatz Schauplatz einer ganzen Reihe von Spielen, die eigentlich nicht erlaubt waren. Sie hatten nichts zu tun mit den Klassikern wie „Verstecken", „Fangen" oder „Tat oder Wahrheit". Dieser besondere, andere Typ von Spielen wurde aber genauso von Generation zu Generation weitergegeben.

Eines der berühmtesten verbotenen Spiele hieß damals und heißt bis heute „Blutige Fingerknöchel". Für den Fall, dass Sie dieses Spiel nicht kennen, lassen Sie es mich kurz erklären: „Blutige Fingerknöchel" ist ein ganz einfaches Spiel, bei dem es um Schnelligkeit, Kraft und vor allem um Schmerztoleranz geht. Zwei Kinder stehen sich gegenüber und haben die Fingerknöchel beider Hände aneinander gelegt. Einer der beiden Mitspieler muss nun so heftig wie möglich mit den eigenen Fingerknöcheln gegen die des Gegners schlagen. Dann ist das andere Kind an der Reihe, und so geht es abwechselnd weiter, und zwar so lange, bis einer der Mitspieler aufgibt, weil er die Schmerzen nicht mehr aushalten kann.

Haben Sie sich auch schon mal so gefühlt, als wäre das Leben ein Spiel, bei dem man sich pausenlos blutige Knöchel holt – allerdings mit dem bedeutsamen Unterschied, dass Sie nicht aussteigen können? Jedes Mal, wenn Sie weggehen wollen, bekommen Sie wieder einen Schlag verpasst. Sie versuchen auszuweichen. *Zack!* Sie flehen, dass es aufhört. Zack*!* Sie beten. Zack*!* Sie tun alles, was in Ihrer Macht steht, um dem nächsten Schlag zu entgehen. Zack*!* *Zack! Zack!* Der Schmerz wird immer heftiger. Das Leiden wird beängstigend, und Sie haben weder eine Ahnung, wie Sie damit umgehen sollen, noch wo Gott in alldem ist.

Vielleicht haben Sie erst kürzlich Ihre ganz eigene Version von „Blutige Fingerknöchel“ erlebt. Vielleicht haben Sie einen geliebten Menschen verloren und der Schmerz über den Verlust hat sich in Leugnung und Wut verwandelt. Sie sind völlig durcheinander. Vielleicht haben Sie Ihren Job verloren und Ihr Frust und Ihre Mutlosigkeit werden immer größer. Sie lesen von Gottes Verheißungen, aber Sie haben keine Ahnung, wieso Ihnen das passieren musste. Vielleicht leben Sie mit chronischen Schmerzen, und Sie würden alles dafür geben, sie loszuwerden und nicht ständig durch sie abgelenkt zu sein.

Wie auch immer Ihre persönliche Situation aussehen mag, eines steht fest: Wenn Sie das Gefühl haben, es zerreißt Sie förmlich, dann möchten Sie eine Antwort auf die Frage: „Was soll ich tun?“ Und ich weiß aus eigener Erfahrung, dass es sich oft so anfühlt, als könnten Sie rein gar nichts tun. Aber die grundlegende Ausrüstung, die Sie brauchen, um Gott in Ihrem Schmerz und Ihrem Leiden zu vertrauen, *ist genau* das – Ihr Schmerz und Ihr Leiden. Das nötige Handwerkszeug steht Ihnen bereits zur Verfügung, und jetzt brauchen Sie nur noch die geschickten Hände eines liebenden Gottes, die es zum Einsatz bringen. Das Erste also, was Sie auf der Baustelle der Wiederherstellung tun müssen, ist, das Handwerkszeug vertrauensvoll Ihm zu übergeben.

Im vorliegenden Kapitel wollen wir uns anschauen, wie es konkret aussieht, wenn wir Gott dieses Werkzeug aushändigen und ihn in all dem Schweren, mit dem wir uns abmühen, anbeten. Wir Menschen haben den Hang, immer wieder zu versuchen, uns an den eigenen Haaren aus dem Sumpf zu ziehen, wenn wir es mit großen Hindernissen oder beängstigenden Herausforderungen zu tun bekommen. Wir vertrauen gern auf unsere eigenen Fähigkeiten und sagen optimistisch: „Das schaff' ich schon." Aber da wir ja eine Beziehung zu dem Gott des gesamten Universums haben, der uns liebt und für uns sorgt, ist es unendlich viel sinnvoller, alles an ihn abzugeben und zu sagen: „Gott, mach *du* das für mich."

> Wenn wir es mit beängstigenden Herausforderungen zu tun bekommen, sagen wir gern optimistisch: „Das schaff' ich schon." Aber es ist unendlich viel sinnvoller zu sagen: „Gott, mach *du* das für mich."

Träume auf Umwegen

Meine Freunde Chris und Kim Trethewey haben Jahre hinter sich, in denen sie sich vorkamen wie in einem endlosen „Blutige Fingerknöchel"-Spiel. Und es sah so aus, als ob sie dabei immer den Kürzeren zogen. Als sie etwa eineinhalb Jahre verheiratet waren, fühlten sie sich bereit, Kinder zu bekommen. Der Gedanke an eine eigene Familie beschäftigte sie zunehmend innerlich und auch in ihren Gesprächen. Sie gingen davon aus, dass sie schon bald zwei Kinder haben würden, und sie träumten von einer Bilderbuchfamilie.

Doch die Realität sah so völlig anders aus als ihr Traum, dass es sie in ihren Grundfesten erschütterte. Nach dreieinhalb Jahren erfolgloser Fruchtbarkeitsbehandlungen teilte ihnen ihr behandelnder Arzt mit: „Wir haben alles getan, was in unserer Macht steht. Wir wissen zwar nicht warum, aber Sie können keine Kinder bekommen."

Nach diesem Schlag ging es Chris und Kim seelisch zunächst sehr schlecht, aber irgendwann informierten sie sich dann über Alternativen zu leiblichen Kindern. Aufgrund einer Reihe geradezu unglaublicher Ereignisse adoptierten sie schließlich ein Geschwisterpaar, und zwar Kiara, die gerade ein Jahr alt geworden war, und den drei Monate alten Caden.

Caden war vier Monate zu früh geboren worden und befand sich nach der Geburt noch auf der Frühchenstation in der Klinik, als meine Freunde ihn zum ersten Mal sahen. Man hatte festgestellt, dass er drei Löcher im Herzen hatte und seine Lunge noch extrem unreif war. Ein hingebungsvolles Ärzteteam hatte ihn am Herzen operiert und ihm einen Trachealtubus gelegt, damit er besser atmen konnte, und zum Erstaunen aller verbesserte sich sein Gesundheitszustand zusehends. Die Ärzte waren sehr optimistisch. Schon bald konnte der Kleine ohne Sonde ernährt werden und aus dem Fläschchen trinken, und es war nur noch eine Frage der Zeit, bis auch seine Lunge altersgemäß entwickelt sein würde.

Monatelang lebten Chris und Kim praktisch in der Klinik, bis sie schließlich beide Kinder mit nach Hause nehmen durften. Jeden Tag dankten sie Gott dafür, dass er ihre Gebete erhört und ihnen Kinder geschenkt hatte. Endlich war ihr Traum wahr geworden.

Eines Morgens gegen sieben Uhr gab Cadens Atemmonitor Alarm. Chris rannte sofort ins Kinderzimmer, wo Caden mit einem so gequälten Gesichtsausdruck in seinem Bettchen lag, wie Chris es noch nie zuvor erlebt hatte. Chris wählte die Notrufnummer und versuchte, den Kleinen zu beatmen und Herzdruckmassage durchzuführen, aber ohne Erfolg.

Chris erinnert sich: „Ich werde nie vergessen, wie ich dastand und mir absolut klar war, dass ich nichts tun konnte. Ich flehte Gott an, ein Wunder zu tun. Ich betete einfach alles, was mir in den Sinn kam: ‚Gott, bitte! Ich habe gesehen, wie du im Leben so vieler Menschen Wunder um Wunder getan hast. Heute brauche ich dich, dass du meinen Sohn rettest. Ich weiß, dass du die Macht hast, es zu tun. Bitte!" Aber Gott schwieg.

> Ich flehte Gott an: „Heute brauche ich dich, dass du meinen Sohn rettest." Aber Gott schwieg.

Und mein Freund sagt weiter: „Ich weiß bis heute nicht, warum Gott meine Bitte damals nicht erhört hat. Ich frage immer noch, warum. Und ich bin mir nicht einmal sicher, ob er mir wirklich einen Grund dafür nennen könnte. Aber eines weiß ich. Gott leidet mit uns. Unser Verlust ist auch sein Verlust."

Bei all dem Schmerz und dem Zorn, so fuhr Chris fort, sei da aber immer diese kleine Stimme ganz tief in seinem und auch im Innern seiner Frau gewesen, die gesagt hätte: „Gott hat euch dieses Kind geschenkt. Es steht ihm zu, es euch auch wieder zu nehmen."

Ich saß an dem besagten Tag zusammen mit Chris im Krankenhaus. Die darauffolgenden Tage und Wochen funktionierte er nur wie mechanisch. Ich weinte mit Chris und Kim und betete mit ihnen. Ich sah, was für einen tiefen Krater Cadens Tod in ihrem Innern hinterlassen hatte. Immer wieder brach wie aus dem Nichts ihre Trauer aus. Alles in ihrem Leben war von ihrem Verlust überschattet.

Monate vergingen, und die beiden durchlebten die verschiedenen Phasen der Trauer. Es gab Zeiten, in denen sie Schuld, Zorn, Wut und Schmerz empfanden, und dann wieder waren sie unendlich leer und wie betäubt. Sie begriffen nicht, was da in ihnen vorging, und sie hatten keine Ahnung, wie sie damit umgehen sollten.

Irgendwann während dieser Zeit fühlte Kim sich richtig krank. Sie war überzeugt, dass sie eine Grippe hatte, aber ihre Schwester sagte für Kim völlig überraschend: „Du hast keine Grippe, Kim. Du bist schwanger."

Kim tat diesen Gedanken ab mit den Worten: „Du bist zwar Lehrerin, meine Liebe, aber wir haben viel Geld bezahlt für einen Spezialisten auf diesem Gebiet, und der hat gesagt, dass es unmöglich ist." Sie beschloss trotzdem, sicherheitshalber einen Schwangerschaftstest zu machen, bereitete sich dabei aber innerlich schon auf ein negatives Ergebnis vor, wie sie es schon so viele Male zuvor erlebt hatte. Doch zu ihrem großen Erstaunen war der Test positiv. Sie konnte es kaum fassen. Obwohl ihr die Ärzte gesagt hatten, sie sei zweifellos unfruchtbar, erwartete sie jetzt ein Kind.

Noch im selben Jahr brachte Kim ihre kleine Tochter Claire zur Welt. Chris sagt: „Als ich Claire das erste Mal auf dem Arm hatte, musste ich irgendwie lachen, und zwar weil ich dachte: ‚Ach so, Gott, jetzt kapiere ich. Du willst, dass wir dir nachfolgen, auch wenn wir nicht immer genau verstehen, was passiert und warum es passiert.' Als ich Claire das erste Mal hielt, stand ich noch völlig unter dem Eindruck dieses Wunders der Geburt, das mich richtig umgehauen hatte. Und in dieser Situation und mitten in diesen starken Eindrücken sagte Gott zu mir: ‚Ich bin bei dir'."

Natürlich ist Claire kein Ersatz für Caden. Die Tatsache, dass jetzt Claire da war, bedeutete nicht, dass Chris und Kim nicht mehr um Caden trauerten. Ja, die Geburt der Tochter verstärkte den Schmerz über den Verlust des Sohnes sogar noch einmal. Aber dadurch, dass ihnen Claire geschenkt wurde, begriffen die Tretheweys etwas ganz Entscheidendes: Auch wenn sie immer noch nicht wussten, warum alles so gekommen war, gab es jetzt eine Antwort auf ihre Frage nach dem *Wer.* Sie wussten, dass sie Gott vertrauen konnten, und das gab ihnen Kraft.

Der souveräne Gott

Wenn unsere Welt zerbricht und der Schmerz des Lebens einsetzt, dann suchen wir nach Erklärungen, nach Gründen, nach einem Sinn hinter alldem, aber noch dringender wollen wir Sicherheit. Ja, wir wollen Antworten, aber unsere Schmerzensschreie, egal ob sie ausdrücklich an Gott gerichtet sind oder einfach ins Universum hinaus geschrien werden, sind auch der Beweis für ein unausgesprochenes Vertrauen darauf, dass es irgendwo da draußen etwas oder jemanden geben muss, der größer ist als wir – jemanden, der Antworten hat. Wir sind innerlich erschüttert von Reue,

Sünde, Versagen und Fehlern, und in unserer inneren Not sehnen wir uns zutiefst nach Lösungen, Wiederherstellung und Erneuerung.

Bei jeder *Warum-Frage*, die wir stellen, findet in unserem Innern ein Kampf statt, in dem wir wiederum unzählige Fragen stellen. *Warum ich? Gott, warum hast du nicht __________________? Warum musste dieser Mensch beim Autofahren SMS schreiben? Warum haben die Ärzte das nicht früher erkannt? Warum hat die Chemotherapie nicht angeschlagen? Warum hat er mich und die Kinder verlassen? Warum?* Doch das Gefährliche an den Warum-Fragen ist, dass sie uns in Finsternis, Verwirrung, Frustration, Einsamkeit und Isolation stürzen.

> Unsere Schmerzensschreie sind der Beweis für ein unausgesprochenes Vertrauen, dass es irgendwo da draußen jemanden geben muss, der größer ist als wir – jemanden, der Antworten hat.

Überlegen Sie doch einmal. Bewirkt die Frage nach dem Warum Heilung? Kann sie etwas zum Abschluss bringen? Wohl kaum. Die Frage nach dem Warum bewirkt, dass wir in der Vergangenheit festsitzen, und verhindert, dass wir weitermachen können. Sie sorgt dafür, dass wir in unserem Schmerz stecken bleiben, und erstickt jede Chance auf Heilung im Keim. Und das ist der Grund, weshalb Christen lieber möglichst schnell zu der Frage nach dem *Wer* kommen sollten. Wer ist zuständig? Wer hat die Kontrolle? Wer hält alles in seiner Hand? Wer sorgt dafür, dass alles gut wird? Wer kann alles neu machen?

Die Bibel beantwortet diese Fragen klar und tiefgreifend. Eines der schönsten und intensivsten Bilder über Gottes souveräne Herrschaft stammt von Paulus und steht im Kolosserbrief:

Christus ist das Bild des unsichtbaren Gottes.
Er war bereits da, noch bevor Gott irgendetwas erschuf,
und ist der Erste aller Schöpfung.
Durch ihn hat Gott alles erschaffen,
was im Himmel und auf der Erde ist.
Er machte alles, was wir sehen,
und das, was wir nicht sehen können,
ob Könige, Reiche, Herrscher oder Gewalten.
Alles ist durch ihn und für ihn erschaffen.
Er war da, noch bevor alles andere begann,
und er hält die ganze Schöpfung zusammen.
Christus ist das Haupt der Gemeinde,
und die Gemeinde ist sein Leib.
Er ist der Anfang
und als Erster von den Toten auferstanden,
damit er in allem der Erste ist.
(Kolosser 1,15–18)

Welch atemberaubende Poesie! Und wie zutiefst tröstlich und beruhigend zu wissen, dass Christus da war, noch bevor alles andere begann, und die ganze Schöpfung zusammenhält! Was uns *wirklich* interessiert, wenn unser Leben uns vorkommt, als würde es einfach zerbrechen, ist doch, ob es jemanden gibt, der es zusammenhalten kann. Denn eines ist uns ganz klar – *wir* selbst können es nicht.

Bei unserer Geburt glauben wir zwar, dass sich das gesamte Universum um uns dreht, aber Gott wirkt ständig in jedem Menschen und durch jedes Ereignis, jede Sekunde jedes einzelnen Tages, an der Umsetzung seines Planes. Er sieht alles, was geschieht, und ist durch nichts zu überraschen. Genau das verkündet Gott, wenn er sagt:

Denkt zurück an das, was von Anfang an,
von der Urzeit her, galt:
Ich bin Gott – sonst gibt es keinen!
Es gibt keinen wie mich.
Ich habe von Anfang an das,
was kommen wird, vorausgesagt,
schon lange, bevor es Wirklichkeit wurde.
Ich sage: „Was ich plane, steht fest.
Alles, was mir gefällt, führe ich auch aus."
(Jesaja 46,9–10)

Das heißt doch, dass Gott schon vor Beginn der Zeit und sogar schon vor Erschaffung der Welt genau wusste, was jeden Sekundenbruchteil geschehen würde. Und noch bevor es uns gab, wusste er schon, wer wir sein und was wir tun und denken würden und sogar, wie viele Haare wir auf dem Kopf haben würden. (Und glauben Sie mir – je älter ich werde, desto rasanter verändert sich diese Zahl!)

Und diese Zusicherung, dass Gott die Kontrolle über das gesamte Universum hat, finden wir in der gesamten Bibel, von den ersten Zeilen an, in denen sein Schöpfungshandeln beschrieben wird, bis zum Schluss, wo es um das Gericht und die Neuschöpfung geht. Gott hält jeden Augenblick das Gefüge der Welt zusammen. Er hat die Festen der Erde gegründet, hat Land und Wasser getrennt und das Licht erschaffen. Er kennt und beherrscht die verborgensten Winkel der Erde, ihre tiefsten Tiefen, ihre höchsten Höhen, die fernen Horizonte, Licht und Finsternis. Er wacht über die schwärzesten Seen in den tiefsten Höhlen, in denen Lebewesen auf wundersame Weise Licht erzeugen – ohne dass je ein menschliches Auge es sehen wird, und er kennt die höchsten Berggipfel, auf denen die Luft so dünn ist, dass dort nicht einmal Vögel leben können. Er beeinflusst Saturn und Venus und andere Planeten in Sonnensystemen, die wir nie entdecken werden. Er herrscht über schwarze Löcher und Wurmlöcher im Weltall, jongliert mit Quarks und Protonen und schaltet und waltet in unserem Sonnensystem und dem gesamten Kosmos. Wenn irgendwo in einem Wald ein Baum umfällt und niemand ist da – *er* hört es. Kurz, Gott hat Himmel und Erde erschaffen und lenkt sie so, dass sie seinen Zwecken dienen (Hiob 38,4–39,30). Es passiert nichts, ohne dass das wachsame Auge Gottes es sieht. Alles, was passiert, geschieht, weil Gott es will. Und es geschieht nichts, was Gott nicht aufhalten oder rückgängig machen könnte.

Und Gott hat nicht nur die volle Kontrolle, sondern er hat die Welt zu dem Zweck geschaffen, seine Würdigkeit, seine Schönheit und seine Herrlichkeit zu demonstrieren. Wir sollen erkennen, dass sich das Universum einzig und allein um Gott dreht und nicht um uns, und unser größtes Glück soll es sein, uns darüber zu freuen. In der Bibel heißt es: „Denn alles kommt von ihm; alles besteht durch seine Macht und ist zu seiner Herrlichkeit bestimmt. Ihm gehört die Ehre in Ewigkeit!“ (Römer 11,36). Nicht nur manche oder einige Dinge sind dazu da, Gott zu verherrlichen, sondern ausnahmslos alles existiert zu diesem Zweck.

Wenn wir das begreifen, dann verändert sich unser Bezugsrahmen, und nicht mehr wir selbst sind der Mittelpunkt, sondern Gott. Das Universum wurde nicht für uns, sondern für ihn erschaffen. In dieser Zeit der Selbsthilfebücher, des Reality-TV, sozialer Netzwerke wie Facebook und Twitter sowie des ständigen Bestrebens, möglichst unabhängig zu sein, ist es besonders wichtig zu erkennen, dass wir nicht der Nabel der Welt sind. Die Welt dreht sich nicht um uns, so gerne wir das auch glauben möchten. Die Herausforderungen und Entscheidungen, vor denen wir täglich stehen, sind unsere Chance, zur Ehre Gottes zu leben. Wenn wir uns umorientieren und unser Leben auf Gott ausrichten, bieten sich uns immer mehr Möglichkeiten, gemeinsam mit der ganzen Schöpfung Gottes Größe und Herrlichkeit zu verkünden. Das ist die wichtigste Lektion, die ich in meinen ganz persönlichen finsteren Tälern gelernt habe. Indem ich wieder alles so ausgerichtet habe, wie es gehört – nämlich um Gott herum –, finde ich wieder Halt.

Aber was ist mit dem Bösen? Bedeutet die Tatsache, dass Gott herrscht, dass er auch das Böse erschaffen hat? Ist er der Urheber des Bösen und setzt es ebenfalls ein?

Die Bibel sagt glasklar, dass Gott heilig und gerecht ist, dass an ihm auch nicht der geringste Hauch von Sünde ist und dass das auch immer so bleiben wird. Es lässt sich also eindeutig verneinen, dass Gott der Urheber ist. Gleichzeitig gilt aber, dass er Herr über das Böse ist. Gott beherrscht also das Böse, kann es stoppen, einsetzen oder zulassen, aber er ist nicht der Urheber des Bösen. Daraus ergibt sich zwar ein gewisses Spannungsfeld, das möglicherweise noch mehr Fragen aufwirft, aber es sorgt auch für die Gewissheit, dass alles, was geschieht, einschließlich der Sünde und des Bösen, erst an Gott vorbei muss.

Das bedeutet, dass der Gott, dem Sie vertrauen, der Gott, der würdig ist und schön, Sie beschützen kann. Auch wenn Sie es in Ihrem Leben mit Schmerz, Leid und Bösem in jeder nur denkbaren Form zu tun bekommen, brauchen Sie nicht in Angst zu leben. Egal, was passiert – ganz gleich, was Terroristen tun oder welche Länder in den Krieg ziehen oder welche Katastrophen über ein Land hereinbrechen –, in Gottes Armen können Sie Ruhe finden. Keine Finsternis, nichts Böses, keine Zerstörung, keine Katastrophe kann Sie treffen, wenn Gott es nicht zulässt. Er ist gut. Er tut nichts Böses. Er begeht keine Verbrechen gegen Sie oder seine eigene Heiligkeit. Er hat die volle Kontrolle. Wenn Sie Gott lieben, sich an ihm freuen und ihm vertrauen, dann ist das einfach nur gut.

Wenn Gott nicht die Kontrolle hätte, wenn er nicht die Grenzen setzen würde, dann hätten Sie durchaus Grund, sich vor allem und jedem zu fürchten. Aber die Bibel fordert uns auf, Gott zu fürchten und nicht die Menschen (siehe Lukas 12,4–5). Wenn es zum Börsencrash kommt, wenn Sie unter Depressionen leiden oder wenn Sie eine furchtbare Katastrophe erleben – Sie sind nicht allein. Sie können den heutigen Tag in vollkommenem Frieden leben, weil Sie wissen, dass weder heute noch morgen irgendetwas geschieht, was dem wachsamen Auge Gottes entgeht. Er schläft und schlummert nicht. Zum Glück weiß er alles und wacht über alles.

> Gott sitzt nicht im Himmel und ringt vor Angst die Hände, sondern er ist dabei, seinen Plan umzusetzen.

Die Welt entgleitet der Kontrolle Gottes nicht. Sie rast nicht mit einem ohnmächtigen Gott am Ruder einer unbestimmten Zukunft entgegen. Gott sitzt nicht im Himmel und ringt vor Angst die Hände. Er ist dabei, seinen Plan umzusetzen. Tagtäglich wirkt er auf dieser Welt, um sich selbst zu verherrlichen. Und wenn es so weit ist, dann wird er Satan, die Sünde und den Tod stürzen.

Ein Brief an Gott

Vier Jahre nach dem Tod ihres kleinen Sohnes Caden hatten Kim und Chris Trethewey die Möglichkeit, eine Woche auf der Blessing Ranch, einem Heilungszentrum, zu verbringen. Ihr Leben war zwar weitergegangen, aber Chris saß immer noch fest und kam nicht weiter mit der Bewältigung des Erlebten.

Es war nicht mehr die Frage nach dem *Wer*, die ihm so zu schaffen machte. Das hatte er inzwischen kapiert. Womit er sich aber immer noch quälte, war die Frage nach dem *Warum*.

Diese eine Woche auf der Ranch rettete Chris' Leben, seine Ehe, seine Familie und die Aufgabe, die Gott für ihn vorgesehen hatte. Im Laufe dieser Woche bekam Chris drei ganz einfache Aufgaben. Er sollte drei Briefe schreiben. Der erste sollte an seinen Sohn gerichtet sein, den zweiten sollten Chris und Kim gemeinsam schreiben, und zwar aus der Perspektive ihres Sohnes. Sie sollten aufschreiben, was er ihnen ihrer Meinung nach sagen würde. Und den dritten Brief sollte Chris an Gott schreiben. Zunächst habe er die

Aufgaben für sinnlosen „Psychokram" gehalten, erzählte mir Chris, doch was er dann dabei erlebt habe, hätte ihm wirklich Heilung gebracht.

Hier ein Auszug aus dem Brief, den Chris an Gott schrieb:

Himmlischer Vater,
ich weiß gar nicht, wo ich anfangen und was ich sagen soll oder muss. Ich bitte dich deshalb, dass du mich innerlich leitest und meine Gedanken lenkst.

Als Erstes: Ich weiß, dass du Gott bist. Deine Wege sind vollkommen und ohne Fehler – da bin ich ganz sicher. Ich weiß, dass du aus allem, was in unserem Leben geschieht, etwas Gutes machen kannst, und ich glaube, genau das ist auch der Grund, warum ich so hin- und hergerissen bin. Ich vertraue deinem Willen, denn er ist ja ganz und gar vollkommen. Ich kann auch den Gedanken nachvollziehen, dass du diejenigen, die dazu bereit sind, berufen hast, im Glauben Schritte zu tun. Aber oft ist dieser Glaube so sinnlos. Ich kenne doch die Geschichten aus der Bibel. Die von Abraham, wie er mit seinem Sohn Isaak den langen Weg hinauf auf den Berg geht. Josef, der in die Sklaverei verkauft wird. Du rufst uns auf, dir zu folgen, bereit zu sein. Das habe ich kapiert.

Aber warum Caden? Nein, ich gebe dir nicht die Schuld an seinem Tod. Ich weiß, dass du seinen Tod nicht verursacht hast. Aber warum hast du Caden nicht gerettet? Warum hast du kein Wunder getan? Warum hast du nicht deine Hand ausgestreckt und ihn angerührt? Warum hast du nicht den Pfropfen aus seiner Luftröhre entfernt, damit er atmen konnte? Warum nicht? Ich glaube, das ist die Frage, auf die es keine Antwort gibt. Allerdings frage ich mich auch, ob dieser Schmerz in meinem Innern wirklich aufhören würde, wenn ich eine Antwort von dir bekäme. Würde mein Schmerz dann zu einem Abschluss kommen? Würde ich „verstehen", wenn ich die Antwort bekäme? Und würde es mich dir näher bringen, wenn ich sie bekäme? Würde es mir die Sehnsucht nehmen, Caden nur noch ein einziges Mal im Arm zu halten, wenn ich die Antwort begreifen würde? Ich glaube, die Antwort ist einfach. Sie lautet nein. Wenn ich das „Warum" verstünde, würde das vermutlich wieder eine ganze Liste von Fragen, Verletzungen und Missverständnissen nach sich ziehen. Und abgesehen davon könnte mir ohnehin keine Antwort jemals helfen, den Verlust meines Sohnes zu begreifen.

Wahrscheinlich habe ich jetzt selbst innerlich für mich geklärt, dass du Gott bist und nicht ich. Du liebst mich so sehr, dass du leidest, wenn ich leide. Mein Verlust ist auch dein Verlust. Du trauerst, wenn ich trauere. Du weißt, wie furchtbar der Schmerz ist, seinen Sohn zu verlieren.

Okay, eine Bitte noch. Könntest du Caden jeden Morgen ganz fest für mich drücken? Könntest du ihm bitte ins Ohr flüstern, dass ich ihn liebe? Könntest du ihn abends für mich zudecken? Wenn du das für mich tun kannst, dann habe ich inneren Frieden, denn ich weiß, es geht ihm gut, weil er bei dir ist.

Chris' Brief ist deshalb so bewegend, weil darin sowohl sein tiefer Glaube zum Ausdruck kommt als auch sein inneres Ringen. Wenn wir keine Antworten bekommen, bleibt uns nichts außer Gott. Aber manchmal hat unsere Verletzung auch mit Gott selbst zu tun. Wir wünschen uns zwar vielleicht in unserem Leid eine eindeutige und klare Antwort, aber zum Teil geschieht unsere Heilung nicht dadurch, dass wir eine Antwort bekommen, sondern dadurch, dass wir unsere Fragen stellen und einfach nur zu Gott schreien.

Im Schmerz anbeten

Im Wesentlichen geht es jetzt um Anbetung. Wir beten das an, worauf wir unser Vertrauen und unsere Hoffnung setzen. Wenn unser Leben zerbricht, wenn alles auseinanderfällt, dann ziehen wir uns oft in unser Inneres zurück und vertrauen darauf, dass wir es schon irgendwie allein schaffen. Wir sind doch zäh. Wir sind doch stark. Das ist eine reflexartige Reaktion auf Schmerz – wir schützen uns selbst, wir isolieren uns, um uns aus eigener Kraft und unseren eigenen Mitteln wieder aus diesem Elend herauszukämpfen. Aber Heilung geschieht in der Anbetung.

Wenn unser Leben zerbricht, dann brauchen wir nicht tatenlos zuzuschauen (das kann zu noch mehr Depression und Verzweiflung führen), aber wir müssen auch nicht alles mit Fäusten bearbeiten, was uns über den Weg läuft (das führt zu Bitterkeit und Misshandlung). Wir können den Ort der Verwüstung zu einem heiligen Ort der Anbetung machen. Paulus sagt: „Wir freuen uns auch dann, wenn uns Sorgen und Probleme bedrängen, denn wir wissen, dass wir dadurch lernen, geduldig zu werden. Geduld aber macht uns innerlich stark, und das wiederum macht uns zuversichtlich in der Hoffnung auf die Erlösung“ (Römer 5,3–4).

Aber wie kann so eine Freude aussehen? Sollen wir etwa singen und tanzen auch angesichts persönlicher und allgemeiner Katastrophen. Nun, wenn wir das können, nur zu, aber wir wissen ja alle, dass uns meist absolut nicht nach Freuen und Tanzen ist, wenn es ganz hart kommt, und deshalb sollen wir uns dabei einfach von Gott leiten lassen. Wenn die einzige Musik, die dudelt, Kummer, Krankheit, Scheidung, Misshandlung, Sucht oder sonstige schmerzliche Angelegenheiten sind, dann sollten Sie weder passiv dasitzen noch vor Wut kochen, sondern den Zusagen Gottes vertrauen. Er geht voran und hält Ihnen seine Hand hin, damit Sie hinter ihm hergehen können. Vielleicht führt er Sie durchs finstere Tal, aber er lässt Sie dort nicht zurück.

Vielleicht ist es ja auch für Sie Zeit, sich hinzusetzen und Gott einen Brief zu schreiben wie Chris. Schütten Sie ihm Ihr Herz aus und seien Sie dabei vollkommen offen und ehrlich. Schreiben Sie darüber, was Ihnen so zusetzt und wie durcheinander Sie sind. Vielleicht ist es langsam an der Zeit, zuzugeben, dass es Sie kein Stück weiterbringt, einfach alles in sich hineinzufressen. Seien Sie Gott gegenüber ehrlich. Er hält das aus. Er ist groß. Was auch immer Sie empfinden, es ist in Ordnung. Wut. Schock. Leugnung. Bitterkeit. Sagen Sie es ihm. Gott wird mit Ihrem Schmerz fertig. Und dabei beten Sie ihn an, auch wenn es sich nicht so anfühlt.

Wir können den Ort der Verwüstung zu einem heiligen Ort der Anbetung machen.

Sie verstehen vielleicht in Ihrem Leid nicht das *Warum*, aber Sie kennen jetzt das *Wer* – und darauf kommt es an. Wenn Ihr Leben in Trümmern liegt, dann ist Gott da und wartet. Er ist für Sie da.

2

Erwartungen neu ausrichten

Die Schriftstellerin Camerin Courtney erlebte eine Phase großer Desillusionierung, als sie merkte, dass ihr Leben, so wie es war, nicht erfüllen konnte, was sie von Gott und dem Glauben erwartet hatte. Sie war in einer Gemeinde groß geworden, in der sonntags im Kindergottesdienst die biblischen Geschichten hübsch erzählt und mit Hilfe von Filzfiguren an der Wandtafel veranschaulicht wurden – und irgendwie hatte das dazu geführt, dass sie und ihre Freunde der Meinung waren, das Leben als Christ sei immer angenehm und bequem. Sie schreibt: „Und dann wurden wir erwachsen … Es passierten schlimme Dinge – manchmal sogar, wenn wir beteten und in der Bibel lasen und niemanden umbrachten."[1]

Kommt Ihnen das bekannt vor?

In vielen Gemeinden ist unter der Oberfläche eine gefährliche Lehre vorhanden, die auch schon den Kindern vermittelt wird, eine Lehre, die deshalb so gefährlich ist, weil sie nicht einmal etwas von dem offensichtlichen Glitter oder den haarsträubenden Versprechungen von Wohlstand und Gesundheit und Wohlergehen hat, sondern christliches Leben so darstellt, als könnte man sich durch Gehorsam Gottes Segen verdienen. Es stimmt zwar, dass Gott Gehorsam segnet, aber oft sieht sein Segen so ganz anders aus, als wir es uns vorgestellt haben. Auch Christen, die Gott und ihren Nächsten lieben, die in der Bibel lesen, in den Gottesdienst gehen, spenden, ehrenamtlich mitarbeiten und immer nett zu anderen sind, erleben Schreckliches. Niemand ist immun gegen die Brutalität des Lebens. Für Menschen, denen man etwas ganz anderes erzählt hat, kann das ausgesprochen schwierig werden.

Zu den Vorstellungen, die am meisten geistlichen Frust hervorrufen, gehört die, dass Gott uns nahe ist, wenn alles gut läuft, aber fern, wenn Schlimmes passiert. Dadurch wird Gott als einer dargestellt, der zu rein ist, um sich mit chaotischen Situationen und Menschen herumzuschlagen, oder zu gut, um schlechten Menschen Gutes zu tun. Natürlich ist Gott vollkommen rein und vollkommen gut, aber die gute Nachricht von Jesus ist doch, dass genau dieser Gott beschlossen hat, etwas mit dem Leben – und dem Chaos – der ganz normalen Menschen zu tun zu haben. Die gute Nachricht lautet, dass Gott bei den verlorenen Söhnen und Töchtern im Schweinekoben sitzt. Er ist ebenso der Gott des Chaos wie der Gott der Schönheit – ja, er ist der Gott, der das Chaos schön macht.

Genau das stellte auch Camerin fest, als sie wegen all der unerwarteten Wendungen in ihrem Leben anfing, Gott zu suchen. Wie sie mit ihren unerfüllten Erwartungen umging? Sie schreibt: „Ich hörte mir an, was Freunde zu sagen hatten, die mit Krisen fertig geworden waren. Es waren chaotische Geschichten mit jeder Menge schmuddeliger Details, aber auch Geschichten von Frieden und Hoffnung auf ihrem Weg."

Darin ähnelt mein Leben dem von Camerin sehr. Auch in meinem Leben habe ich schon oft von Gott erwartet, dass er etwas ganz Bestimmtes für mich tut, und wenn es dann nicht so kam, war ich enttäuscht und fühlte mich im Stich gelassen. Aber als mir dann meine falschen Erwartungen zunehmend bewusst wurden und ich die Realität immer mehr so akzeptierte, wie sie war, entdeckte ich ganz neu, welche Kraft eine biblische Sicht von Gott hat, und dann konnte ich mich meiner Situation mit realistischeren Erwartungen und neuer Hoffnung stellen.

Das ist also der nächste Schritt, Gott auch im Leid zu vertrauen. Nachdem wir uns dafür entschieden haben, unser Leben einem souveränen Gott anzuvertrauen, auch wenn wir nicht verstehen, was uns passiert, besteht der nächste Schritt darin, unsere Vorstellungen darüber zu ändern, wie das Leben zu sein hat, das wir hier auf der Erde führen. Tatsache ist, dass uns auch gar nichts anderes übrig bleibt.

Er ist ebenso der Gott des Chaos wie der Gott der Schönheit.

Das neue Jetzt

Das Leben ist chaotisch. Daran führt kein Weg vorbei. Wir werden immer auch Dunkelheit, Zweifel und Krisen erleben, und genau das wird unsere Erwartungen infrage stellen. Wenn wir unsere Erwartungen jedoch an der Bibel ausrichten, wenn uns klar wird, dass Gott uns nie ein problemloses und leichtes Leben versprochen hat, dann hat das etwas seltsam Tröstliches. Wir können dieses neue Hier und Jetzt, diese Realität, in der es Verlust und Schmerz und Probleme gibt, dann akzeptieren. Sie zu leugnen würde bedeuten, dem auszuweichen, was Gott in uns tun will. In der Bibel heißt es sogar: „Ihr dürft darauf vertrauen: Je mehr wir für Christus leiden, desto mehr lässt uns Gott durch Christus Trost zuteil werden" (2. Korinther 1,5). Wir müssen mit Schwierigkeiten rechnen und können darin Trost finden.

Wenn wir leiden, konzentrieren wir uns vielleicht zu stark darauf, wie es einmal war. Aber wenn wir zu viel Zeit darauf verwenden, an den Frieden zu denken, den wir einmal gehabt haben, dann verlängern wir dadurch vielleicht nur den Prozess, den Gott benutzt, um uns den nächsten Frieden zu bringen. Wenn wir uns zu sehr darauf konzentrieren, uns nach der Vergangenheit zu sehnen, dann verpassen wir dadurch vielleicht das, was Gott jetzt gerade tut.

Es gibt keine Zeitmaschinen. Was vergangen ist, ist vergangen. Es ist unmöglich, zurückzugehen in der Zeit und etwas noch einmal anders zu machen, Gesagtes und Getanes noch zu ändern. Und manches, was wir in der Vergangenheit angerichtet haben, können wir nie wieder in Ordnung bringen. Vielleicht erleben Sie ja gerade so etwas. Vielleicht ist Ihre Ehe kaputtgegangen, und Ihr Exmann bzw. Ihre Exfrau hat wieder geheiratet oder auf andere Art jede Hoffnung zunichte gemacht, dass es mit Ihnen noch einmal etwas werden könnte. Vielleicht ist Ihr Traum ausgeträumt und Ihnen ist jetzt klar, dass es kein Zurück mehr gibt.

Sie können nichts mehr ändern an dem, was passiert ist, und Sie haben keine Kontrolle über andere. Es ist also völlig sinnlos, so zu tun, als könnte man das Rad der Zeit zurückzudrehen. Jenes Jetzt ist vorbei. Es gibt ein neues Jetzt. Das Einzige, worüber Sie Kontrolle haben und was in Ihrer

Macht steht, ist das, was Sie in diesem Moment sagen und tun, und was Sie von Gott erwarten.

Der Gott des Chaos

In der biblischen Geschichte von Hiob hält Hiob auch da noch an seinem Glauben fest, als er alles verloren hat. Statt sich von Gott abzuwenden, als sich alle seine Erwartungen zerschlagen haben, gibt er Gott mit einer bemerkenswerten Aussage die Ehre: „Nackt bin ich aus dem Leib meiner Mutter gekommen, und nackt werde ich sein, wenn ich sterbe. Der Herr hat mir alles gegeben und der Herr hat es mir wieder weggenommen. Gelobt sei der Name des Herrn!“ (Hiob 1,21).

Ich denke immer wieder über diese Aussage nach, aber ich glaube, dass ich sie niemals ganz ergründen werde. Hiobs Aussage offenbart Mut, das tiefe Wissen um Gottes souveräne Herrschaft und die befreiende Sicht eines Lebens, das um Gott kreist. Ich finde jedenfalls, dass es eine Aussage ist, die sehr demütig macht. Und es ist eine Aussage, die in krassem Gegensatz steht zu unserem Wohlfühlglauben. Der Gott der Bibel ist nicht Aladin, der nur darauf wartet, dass wir an seiner Wunderlampe reiben und uns etwas wünschen. Gottes Schönheit zeigt sich in seiner unendlichen Weisheit, auch wenn wir oft keine Ahnung haben, warum uns etwas Bestimmtes widerfährt.

Gottes Schönheit zeigt sich in seiner unendlichen Weisheit, auch wenn wir oft keine Ahnung haben, warum uns etwas Bestimmtes widerfährt.

Christen vergangener Zeiten haben das noch besser begriffen. Das fiel mir besonders auf, als ich den Klassiker *Der Gottesstaat* von Augustinus las. Im ersten Teil dieses Buches aus dem 5. Jahrhundert beschreibt Augustinus, wie Christen während des Falls von Rom von den Eroberern getötet, gefoltert und geschändet wurden und hinterfragt diejenigen, die das als Beweis dafür herziehen, dass der Gott der Christen machtlos ist.

Augustinus zeigt systematisch auf, wie töricht diese Argumentation ist, und spricht dabei von einem Christen, der „nicht trauert, wenn er der Besitztümer beraubt wird, die er bei seinem Tode ohnehin bald würde zurücklassen müssen". Viele Christen wurden gefoltert, damit sie preisgaben, wo sie ihr Gold und Silber versteckt hatten, aber treue Christen setzten ihre Hoffnung nicht auf Geld. Sie freuten sich in Gott – selbst in einer so furchtbaren Lage.

Einige dieser Christen starben den Hungertod, andere gingen an schrecklichen Krankheiten zugrunde, aber sie blieben standhaft in ihrer Loyalität zu Gott. Schnallen Sie sich an und denken Sie einmal über Folgendes nach, was Augustinus geschrieben hat:

Für einen schlimmen Tod ist der nicht zu erachten, dem ein gutes Leben vorausgegangen ist. Denn nur das macht den Tod schlimm, was auf ihn folgt. Also sollen sich die dem Tode unrettbar Verfallenen nicht viel darum kümmern, was ihren Tod herbeiführt, wohl aber darum, wohin sie der Tod führt. Da nun die Christen wissen, dass der Tod des frommen Armen bei den Hunden, die ihn beleckten, weit besser war als der des gottlosen Reichen in Purpur und Byssus (siehe Lukas 16,19 ff.), was haben jene schauerlichen Todesarten den Toten geschadet, die gut gelebt haben?[2]

Für mich klingt das eher nach dem Text von William Wallace in *Braveheart* als nach einer theologischen Abhandlung, in der dem Durchschnittschristen erklärt wird, was es bedeutet, Gott nachzufolgen. Die Christen in der westlichen Welt brauchen die Herausforderung durch eine solche umfassendere Sichtweise von Gott und seinem Wirken. Immer wenn ich in *Der Gottesstaat* lese, merke ich, wie ich um Vergebung dafür bitte, dass ich mich an die Illusion klammere, Kontrolle über mein Leben zu haben (und dafür, dass ich immer so frustriert bin, wenn bei Starbucks mal wieder was bei meiner Bestellung durcheinander geht). Ich bete um die Kraft und den Mut, die die Menschen früher hatten. Sie lebten viel mehr in dem Wissen, wie zerbrechlich und unsicher das Leben ist, was wiederum dazu führte, dass sie sich stärker auf Gott verließen und einen radikaleren Glauben lebten. Leid und sogar der Tod waren nichts, was man fürchten musste, sondern vielmehr Möglichkeiten, Gott zu verherrlichen.

> Weil Gott Gott ist, kann er tun, was er will, auch wenn wir es nicht verstehen oder nicht damit einverstanden sind.

Das ist ganz und gar kein nebensächlicher Punkt, sondern ein ganz wesentlicher in Bezug darauf, wie wir das Wirken Gottes beschreiben. Wenn wir nach dem *Warum* fragen, impliziert das oft, dass wir Gottes Handeln ungerecht oder unfair finden. Doch auch wenn unser Schmerz und unsere Verwirrung verständlich sind, müssen wir darauf achten, unser persönliches Gerechtigkeitsempfinden nicht auf Gott zu übertragen, so als müsste er unsere Erwartungen und Wünsche erfüllen. Weil Gott Gott ist, kann er tun, was er will, auch wenn wir es nicht verstehen oder nicht damit einverstanden sind.

In der Bibel steht: „Alles, was gut und vollkommen ist, wird uns von oben geschenkt, von Gott, der alle Lichter des Himmels erschuf. Anders als sie ändert er sich nicht, noch wechselt er zwischen Licht und Finsternis“ (Jakobus 1,17). Alles Gute im Leben kommt von Gott – von Liebe und Freundschaft über Gitarren bis hin zu Apple-Produkten. Das mag Ihnen zwar vielleicht nicht im Geringsten Ihren Schmerz und das Leid nehmen, aber es ist von entscheidender Bedeutung für einen Glauben, der Sie durch Ihren Schmerz und Ihr Leid hindurchtragen kann.

Nur geliehen

Es gibt eine weitere Erwartungshaltung, die wir überdenken müssen. Wenn Gott Menschen, Dinge und Erlebnisse in unser Leben bringt, dann gibt er sie uns nicht als Besitz. Ich weiß, es ist ein bisschen seltsam, sich Menschen oder Aufgaben oder das eigene Wohlergehen als Leihgaben vorzustellen, aber genau das sind sie. Noch besser könnte man sie vielleicht als Segnungen, als Geschenke betrachten, die Gott uns gibt, damit wir sie verwalten. Es kommen also Menschen und Dinge in unser Leben, für die wir Verantwortung übernehmen sollen,

> Wenn Gott Menschen, Dinge und Erlebnisse in unser Leben bringt, dann gibt er sie uns nicht als Besitz.

allerdings nur unter der Maßgabe, dass wir anerkennen, dass diese Dinge und Menschen eigentlich Gott gehören.

Eines Abends begaben sich mein Freund Kurt und sein siebenjähriger Sohn Austin noch ein wenig auf die Couch zum Verdauen, bevor sie ihre allabendliche Rauferei begannen, als Austin plötzlich und ohne Vorwarnung krampfte. Er verdrehte die Augen und war nicht mehr ansprechbar. Dieser Krampfanfall dauerte zwar nur neunzig Sekunden, aber seinen Eltern kamen sie wie eine Ewigkeit vor. Die beiden hatten unglaubliche Angst und waren völlig fassungslos.

Kurt, der seinen krampfenden Sohn festhielt, wusste nicht, was er denken sollte, aber dann war der Anfall genauso plötzlich wieder vorbei, wie er begonnen hatte.

Es blieb ihnen jedoch nur eine Gnadenfrist von dreißig Sekunden, bevor ein zweiter Krampfanfall einsetzte – ebenso plötzlich und ebenso heftig wie der erste. Als der dritte Anfall kam, gerieten sie in Panik.

Kurt und seine Frau Kelly packten Austin ins Auto und rasten mit ihm ins nächste Krankenhaus, wo die Ärzte stundenlang versuchten, die Krämpfe zum Stillstand zu bringen.

Eine Computertomografie brachte schließlich die Diagnose. Die Ärzte hatten in Austins Gehirn zwei Bereiche festgestellt, in denen Narbengewebe vorhanden war, das offenbar von zwei vorgeburtlichen Schlaganfällen stammte. Aber warum kamen diese Krämpfe erst jetzt, nachdem Austin sieben Jahre lang völlig gesund gewesen war? Warum war nichts festgestellt worden, als er noch im Mutterleib war? Warum hatte man nicht gleich nach der Geburt etwas bemerkt? Das war nur der Anfang einer endlosen Reihe von Fragen, auf die es nur wenige oder gar keine Antworten gab.

Monat um Monat verging, ohne dass Medikamente eine nennenswerte Verbesserung brachten. Immer häufiger kamen die Krampfanfälle, bis Austin irgendwann bis zu hundert davon am Tag hatte. Die Eltern wussten, dass bei einem solchen Anfall jederzeit auch das Zwerchfell betroffen sein konnte, und das hätte Austins Tod bedeutet. Die Angst vor einer solchen Komplikation nahm zu, Hoffnungslosigkeit stellte sich ein. Jede Suche nach einer Lösung schien in einer Sackgasse zu enden.

Nach Dutzenden von Untersuchungen, ärztlichen Diagnosen und Expertenmeinungen kam man schließlich zu dem Ergebnis, dass die einzige Chance, Austin zu helfen, ein chirurgischer Eingriff war, und zwar eine Resektion am vorderen rechten Hirnlappen. Konkret bedeutete das, dass ein etwa ein Eurostück großes Gewebestück aus Austins Gehirn entfernt werden musste.

Mit der gesamten Gemeinde betete ich für Austin, Kurt und Kelly. Wir flehten Gott an, einzugreifen und Austin zu heilen.

In der Nacht vor der Operation ließ Kurt seine Frau und seine Eltern im Krankenhaus zurück und ging ins Hotelzimmer, in dem die Familie während des Krankenhausaufenthaltes ihres Sohnes wohnte. Kurt hatte etwas vor. Er wollte mit Gott einen Handel schließen.

Er wusste zwar, dass es theologisch nicht korrekt war, mit Gott zu feilschen, und ihm war auch klar, dass es Gott wahrscheinlich nicht gefallen würde, aber wer schon einmal eine so kritische Situation erlebt hat, in der er vor Angst nicht mehr ein noch aus wusste, versteht wahrscheinlich, dass Kurt wirklich alles getan hätte.

Dieser Vater, der so unsagbar litt, blickte gebrochen und völlig verängstigt zu Gott auf und betete: „Gott, du kannst alles von mir haben, was du willst, wenn mein Sohn durch diese Operation am Leben bleibt, gesund wird und wieder normal leben kann. Vielleicht bin ich egoistisch. Vielleicht höre ich mich an wie ein Märtyrer, aber ich weiß wirklich nicht, ob ich damit fertig würde, wenn Austin nach dieser Operation nicht mehr dasselbe Kind wäre wie vorher. Ich könnte nicht mit dem Wissen weiterleben, dass ich das Leben meines Sohnes zerstört habe, weil ich dem Eingriff zugestimmt habe." Und die ganze Nacht rangen Kurt und Gott miteinander in diesem Hotelzimmer in Chicago.

Als Austin nach der Operation aufwachte, war Kurt bei ihm, und er war überglücklich, als er sah, dass Austin die Kontrolle über seinen Körper und seine Sprache hatte und bei vollem Verstand war. Die Ärzte waren sehr zufrieden und optimistisch. Austin müsse noch fünfunddreißig Tage im Krankenhaus bleiben, danach dürfe er nach Hause. Mehr als dreißig Tage lang hatte Austin keinen einzigen Krampfanfall.

Doch dann, am Tag vor seiner Entlassung, krampfte er wieder. Darüber war jedoch niemand übermäßig besorgt, denn so etwas war zu erwarten gewesen. Und im Laufe der folgenden eineinhalb Jahre pendelte sich die Anzahl der Anfälle auf gut handhabbare ein bis zwei Mal pro Woche ein. Das war immer noch erheblich besser als die achtzig bis hundert Anfälle täglich vor der Operation. Austin erholte sich, nahm an Gewicht zu, was er in den schlimmen Zeiten verloren hatte, und ging wieder zur Schule. Das Leben verlief wieder in gewohnten Bahnen.

Gerade als man glaubte, Austin sei über den Berg, kehrten die Krämpfe mit nie dagewesener Heftigkeit zurück. Wieder vergingen Monate, in denen Tests und Untersuchungen durchgeführt wurden, und wieder war das Ergebnis, dass die einzige Chance, Austins Leben zu retten, eine Operation am Gehirn war. Dieses Mal sollte ein noch größerer Teil seines Gehirns entfernt werden.

Der Tag der Operation kam. Kurt begleitete seinen Sohn mit in den OP-Bereich und blieb bei ihm, solange er konnte. Dann verabschiedete er sich und ging. Das alles war wie ein Déjà-vu-Erlebnis. Genau das Gleiche hatte er schon einmal erlebt, nur dass dieses Mal die möglichen Folgen weit schwerwiegender sein konnten. Als er gerade durch die automatische Tür den OP-Bereich wieder verlassen wollte, kam einer der Ärzte hinter ihm her, zog seinen Mundschutz herunter, sah Kurt in die Augen und sagte: „Ich werde gut auf Ihren Jungen aufpassen. Versprochen."

„Ein Teil von mir glaubte mehr an diesen Mann als an Gott", erzählte Kurt später. „Warum das so war? Weil ich nicht verstand, wie Gott zulassen konnte, dass die Krämpfe wieder da waren. War das Problem zu groß für ihn? Wenn das nicht der Fall war, gab es nur noch eine weitere Möglichkeit: Gott wollte es nicht so lösen."

Ich saß an diesem Tag zusammen mit Kurt und der Familie im Warteraum in der Klinik. Quälend langsam schlichen die Minuten dahin. Wir warteten und murmelten leise Gebete. Schließlich kam der Arzt und sagte uns, die Operation sei gut verlaufen. Es habe keine Komplikationen gegeben und Austins Sprachzentrum und seine motorischen Fähigkeiten seien nur minimal in Mitleidenschaft gezogen worden. Im Laufe der folgenden Wochen stellte sich jedoch heraus, dass die Krämpfe nicht aufhörten. Sie traten jetzt nicht seltener, sondern sogar noch häufiger auf als vor der Operation. Der Eingriff hatte nicht geholfen.

Haben Sie schon einmal gebetet und Gott hat einfach geschwiegen? Haben Sie schon gebetet und Ihre Gebete wurden nicht erhört? Haben Sie immer wieder dasselbe Gebet vor Gott gebracht – ohne Reaktion? Genau so ergeht es zurzeit Kurt, Kelly und Tausenden von anderen Menschen – einschließlich meiner Person –, die weiter für Austin beten. Die Gebete für seine vollständige Heilung wurden nicht erhört. Rein medizinisch sind alle Möglichkeiten erschöpft. Entweder es geschieht jetzt ein Wunder und Austin wird geheilt oder die Krampfanfälle werden ihn letztlich das Leben kosten.

Kurt sagt: „Ob ich wütend auf Gott bin? Ob mir alle möglichen Gedanken durch den Kopf gehen? Ob ich Gott Fragen stelle? Ja. Aber ich habe nie die Hoffnung aufgegeben. Ich liebe Gott. Er hat mein Leben gerettet und er hat uns Austin überhaupt erst geschenkt. Ich habe nie das Gefühl gehabt, dass Gott sich nicht mehr mit meiner Situation befassen will und Austin und uns abgeschrieben hat."

Kurt hört oft Gospelmusik, schließt die Augen und betet Gott an. Dieses Umfeld von Zerbrochenheit und der Schmerz, aus dem die Lieder kommen, trösten und beruhigen ihn. In der Musik schwingt auch sein eigenes Gefühl mit, Gott unbedingt und verzweifelt zu brauchen.

„Meine Frau und ich beten immer noch dafür, dass Gott Austin heilt", sagt Kurt. „Aber Jesus weiß, wie es ist, im Garten zu sitzen und um sein Leben zu betteln und von

Gott ein Nein zu hören zu bekommen. Bis jetzt hat Gott nein gesagt. Das gefällt mir zwar nicht, aber ich akzeptiere es."

Kurt hat begriffen, dass das Leid auf dieser Welt, so schwer es für uns auch sein mag, nur ein Hauch ist angesichts der Hoffnung auf den Himmel und Gottes ewigen Plan. Kurt glaubt, dass Gott seinen Schmerz versteht, weil auch Gottes Sohn gelitten hat und gestorben ist. Gott weiß es. Wir sind alle erschüttert über das, was geschieht, aber gemeinsam vertrauen wir Gott inmitten all dessen.

> Alles Leid dieser Welt, so schwer es für uns auch sein mag, ist angesichts der Hoffnung auf den Himmel und Gottes ewigen Plan, nur ein Hauch.

Und wie ließe sich nun diese neue Sichtweise bezeichnen? Dieser innere Aufschrei, dieses Wehgeschrei, dieser unbedingte Wunsch, dass alles wieder so werden soll, wie es war, selbst wenn wir manchmal gemeinsam sagen: „Wir gehören dir, Gott!"? Ich glaube, es bedeutet, dass wir nun versuchen, das neue Jetzt zu akzeptieren und wie Jesus zu leben.

Den Blick weiten

Stellen wir uns einmal Jesus im Garten Gethsemane vor, kurz vor seiner Verhaftung und nur wenige Stunden vor seiner Kreuzigung. Als er schon die furchtbaren Qualen voraussieht, die er am Kreuz wird erleiden müssen, betet er zwar gequält, aber auch in absoluter Hingabe an die Souveränität Gottes: „Abba, Vater, … dir ist alles möglich. Lass diesen Leidenskelch an mir vorübergehen. Doch dein Wille geschehe, nicht meiner" (Markus 14,36).

Jesus bittet den Vater, den Leidenskelch an ihm vorübergehen zu lassen. Er hofft auf eine andere Möglichkeit, auf eine Alternative zum Kreuz, eine, die nicht einen solchen Verlust bedeutet, aber am Ende beugt er sich der Tatsache, dass alles, auch die Zeit und was darin passiert, in der Hand des Vaters liegt. Und wenn es der Wille des Vaters ist, die Erlösung durch das Kreuz zu bewirken, dann ist Jesus bereit, sich dem zu beugen. Sogar noch am Kreuz bleibt er dieser Haltung treu, als er sagt: „Mein Gott, mein Gott, warum hast du mich verlassen?" (Markus 15,34) und: „Vater, ich lege meinen Geist in deine Hände!" (Lukas 23,46).

In unserem tiefsten Schmerz finden wir Trost in Jesus. Er wurde nicht gezwungen zu leiden, sondern er stellte sich freiwillig zu uns, identifizierte sich mit uns, um uns vom Leiden zu erlösen. Egal, mit wie viel Leid wir es hier auf dieser Erde zu tun bekommen – durch die Auferstehung Jesu haben wir Grund zur Hoffnung, denn unsere Erlösung steht fest. Gott hat uns nicht den Himmel auf Erden versprochen, aber er hat uns versprochen, dass wir von dieser Welt erlöst werden und in der künftigen Welt das Paradies haben werden.

Mit wie viel Leid wir es hier auf dieser Erde auch zu tun bekommen – durch die Auferstehung Jesu haben wir Grund zur Hoffnung, denn unsere Erlösung steht fest.

Vorstellungen korrigieren

Ich habe Gott viel zu lange für eine Art Genie gehalten, von dem ich mir etwas wünschen konnte. Ich hatte völlig falsche Vorstellungen, und zwar sowohl von Gott als auch von meinem Leben als Christ. Ich dachte, dass ich immer gesund und glücklich sein und weniger Probleme haben würde, wenn ich Jesus nachfolge. Ich war der Meinung, dass ich im Grunde tun und lassen könne, was ich wollte, so lange ich sauber blieb und vernünftig war, und dass mein Leben dann strahlend und schön sein würde wie der Umschlag eines Selbsthilfebuches. Ich war überzeugt, dass die Zweifel, Fragen und Ängste, die ja auch da waren, von selbst verschwinden würden, wenn ich mich mehr mit der Bibel beschäftigte. Mir war gar nicht klar, dass Gott nachzufolgen viel mehr für mich bedeuten würde: Es sollte bedeuten, Gott auch dann zu vertrauen, wenn Zweifel blieben; dass ich mit meiner Familie ausgerechnet nach Las Vegas umziehen und mich dort oft wie ein Missionar in einer völlig fremden Kultur fühlen würde. Mir war nicht klar, dass unglaublich harte Zeiten auf mich zukamen, aber auch nicht, dass es eine solche Freude sein würde, mich ganz auf Gott einzulassen. Als ich meine Vorstellungen gründlich unter die Lupe nahm und sie korrigierte, veränderte sich etwas zum Positiven, weil mir dabei klar wurde wie nie zuvor, dass diese Welt nicht mein Zuhause ist und ich mich deshalb auch nicht so verhalten muss. Ich bin nur auf der Durchreise.

In Philip Yanceys Buch *Von Gott enttäuscht* heißt es: „Menschliche Enttäuschung wird in der Bibel keineswegs verharmlost [...] aber es kommt ein ganz entscheidendes Wort hinzu: vorübergehend. Was wir jetzt fühlen, werden wir nicht immer fühlen. Unsere Enttäuschung ist ein Zeichen, eine Sehnsucht, ein Hunger nach etwas Besserem. Glaube ist letztlich eine Art Heimweh – und zwar nach einem Zuhause, in dem wir noch nie waren, aber nach dem wir uns schon immer gesehnt haben.“[3]

Nehmen Sie sich einmal etwas Zeit zu überlegen, welche Vorstellungen Sie eigentlich über Gott und den Glauben haben. Vielleicht geht es Ihnen ja dann wie mir und Sie merken, dass Sie Ihre Vorstellungen am einen oder anderen Punkt korrigieren müssen. Das hilft Ihnen wahrscheinlich auch dabei zu merken, dass es ein neues Jetzt gibt. Das Leben wird nicht immer so sein, wie Sie es sich vorgestellt haben. Niemand heiratet mit dem Gedanken, sich irgendwann wieder scheiden zu lassen. Niemand weiß, wann einem ein geliebter Mensch genommen wird. Aber wenn es zu so Schrecklichem kommt, dann hat es keinen Sinn, in der Vergangenheit zu leben. Damals war das eine Realität, jetzt ist es etwas anderes. Und das, was jetzt ist, benutzt Gott, um in Ihnen und um Sie her Neues zu bauen.

> Diese Welt ist nicht mein Zuhause und deshalb muss ich mich auch nicht so verhalten. Ich bin hier nur auf der Durchreise.

Die gute Nachricht ist jedoch, dass Gott größer ist als Raum und Zeit, dass ihm nichts entgeht und er uns immer im Blick hat und für uns sorgt. Das Leben mag sich zwar ständig verändern, aber Gott verändert sich nie. Ihre Vorstellungen und Erwartungen mögen sich zerschlagen haben, aber Sie können sie korrigieren und neue Hoffnung schöpfen, denn Gott ist nicht nur das große ICH WAR und das große ICH WERDE SEIN, sondern auch das große ICH BIN.

3

Schicksalsschläge

Scott Rigsbys Leben wurde auf einen Schlag dermaßen in den Grundfesten erschüttert, dass er gezwungen war, herauszufinden, wer wirklich die Kontrolle über sein Leben hatte. Er war achtzehn Jahre alt, hatte gerade die Highschool abgeschlossen, den Kopf voller Ziele und Träume, und das erste Semester auf dem College rückte näher. Als er eines Abends auf der Ladefläche eines Pickups von der Arbeit in seinem Sommerjob bei einem Landschaftsbaubetrieb nach Hause fuhr, ereignete sich dann die Tragödie. Der Pickup wurde von einem Sattelschlepper gerammt, Scott wurde dabei von der Ladefläche geschleudert und geriet unter den drei Tonnen schweren Anhänger, von dem er fast hundert Meter mitgeschleift wurde.

Scott hatte schwerste Verletzungen. Auf dem Rücken hatte er Verbrennungen dritten Grades, sein rechtes Bein war abgetrennt, das linke stark gequetscht, und auch der seelische Schaden sollte sich als katastrophal erweisen.

Im Laufe der folgenden zwölf Jahre musste Scott fünfundzwanzig Operationen und unzählige Arztbesuche über sich ergehen lassen. Er bekam Depressionen in der Zeit, als er versuchte, sich in einem Leben zurechtzufinden, das von ständigen seelischen und körperlichen Schmerzen bestimmt war. Er nahm Schmerzmittel, um damit fertig zu werden, und befand sich über drei Jahre lang in einem mehr oder weniger starken Dämmerzustand.

Während dieser Zeit kam Scott irgendwann mit einem Pastor ins Gespräch. Er konnte sich später zwar kaum noch daran erinnern, worüber sie sich unterhalten hatten, aber eines war bei ihm hängen geblieben. Der Pastor hatte gesagt: „Gott hat einen Plan für dein Leben." Diese simple Aussage führte jedenfalls dazu, dass Scott wieder den Kontakt zu Gott suchte. Er schüttete ihm sein Herz aus, erzählte ihm alles, was er je empfunden und was ihm solche Mühe gemacht hatte. Jahrelange Schmerzen, Fragen und Wut, die er tief in sein Inneres zurückgedrängt hatte, brachen jetzt ungebremst als Gebet aus ihm hervor. Seine rückhaltlose Ehrlichkeit machte es ihm möglich, wieder mit Gott in Verbindung zu treten.

Scotts sechsundzwanzigste Operation stellte dann einen Wendepunkt dar, denn er hatte den Entschluss gefasst, sein Leben nicht als Dauerpatient zu fristen, sondern ihm eine Richtung und einen Sinn zu geben. Er hatte schon vor dem Unfall ein gutes und ein nicht so gutes Bein gehabt. Das gute Bein war das, welches er bei dem Unfall verloren hatte, das nicht so gute war nach dem Unfall unzählige Male operiert worden und bereitete ihm nach wie vor viele Schmerzen und Probleme. Scott traf jedenfalls die beinahe tollkühne Entscheidung, sich auch dieses Bein amputieren zu lassen. Das war kaum fassbar, aber schon nach sechs Wochen konnte er mit seinen neuen Prothesen nicht nur wieder laufen, sondern sogar rennen. Es hatte endlich ein neues Kapitel in seinem Leben begonnen.

Eines Tages betete Scott: „Gott, wenn du eine Tür für mich öffnest, dann werde ich hindurchrennen." Als er kurz darauf in einer Buchhandlung war, fiel sein Blick auf die

Titelseite einer Triathlon-Zeitschrift, auf der Sarah Reinertsen abgebildet war, die Frau, die trotz einer Beinamputation gerade den Ironman Hawaii geschafft hatte. Scott wusste sofort, dass Gott das Unvorstellbare von ihm wollte.

Innerhalb von nur sieben Wochen absolvierte Scott sechs Kurzstrecken-Triathlons, und im Anschluss daran schaffte er als erster Athlet mit beidseitiger Beinamputation einen olympischen Triathlon sowie einen kompletten Marathonlauf. Diese Leistungen an sich waren schon absolut unglaublich, aber das reichte Scott noch nicht. Er wollte die größte Herausforderung meistern – er wollte ein Ironman werden.

Die vollständige Ironman-Strecke besteht aus drei Disziplinen mit irrsinnigen Distanzen. Die Athleten müssen 3,86 Kilometer schwimmen, 180,2 Kilometer Fahrrad fahren und 42,195 Kilometer laufen, und das in höchstens siebzehn Stunden. Als in Kona auf Hawaii der Startschuss für die Ironman-Weltmeisterschaft fiel, sprang Scott ins Wasser und begann damit einen Weg, den kein zweifach Beinamputierter je geschafft hatte. Sechzehn Stunden dreiundvierzig Minuten und 226,3 Kilometer später überquerte Scott Rigsby siebzehn Minuten vor Ablauf der Zeit die Ziellinie und erlangte den Titel des Ironman.

Scotts Blick fiel auf die Titelseite einer Triathlon-Zeitschrift und ihm war sofort klar, dass Gott das Unvorstellbare von ihm wollte.

„Ich hatte den Traum, dass das Unmögliche möglich werden könnte“, sagte er. „Was ich vorhatte, war eigentlich unvorstellbar, aber ich wollte die Welt verändern, und ich wollte, dass Gott dazu mein ganz normales Leben benutzt. Ich wollte mein ganz gewöhnliches Leben in die Hände eines außergewöhnlichen Gottes legen, damit er Außergewöhnliches damit tun konnte.“[1]

Scott lernte immer mehr, Gott dafür zu lieben, wer er ist, und nicht nur dafür, was er schenkt. Er liebte Gott, weil er gerecht und wahrhaftig und stark ist. Er liebte ihn, weil er es wert ist, geliebt zu werden. Er erkannte, dass Gott auch in seinem Schmerz noch da war und wirkte und dass er sich auf Gott absolut verlassen konnte.

Wir wissen also jetzt, dass wir aufgefordert sind, Gott auch in unserem Schmerz und in alldem, was uns solche Mühe macht, zu vertrauen und anzubeten. Wir haben unsere Erwartungen und Vorstellungen überprüft und festgestellt, dass wir manche davon korrigieren mussten. All das gehört zu dem Lernprozess hinzu, uns nicht mehr von der Frage nach dem *Warum* lähmen zu lassen, sondern die Frage nach dem *Wer* durch Glauben und Vertrauen zu beantworten. In diesem Kapitel soll das Thema noch ein wenig vertieft und veranschaulicht werden, indem wir uns mit der Geschichte von jemandem beschäftigen, der, genau wie Scott Rigsby, weiß, was es heißt, wenn das Leben von einem Moment auf den anderen komplett auf den Kopf gestellt wird.

> Hiob wehrte sich gegen eine neue Realität, und gerade, als alle Hoffnung verloren schien, zeigte sich Gott ihm, um ihn daran zu erinnern, dass er die ganze Zeit da gewesen war.

Das großartigste biblische Beispiel für Gottvertrauen am Tiefpunkt des Lebens ist Hiob. Auch als er alles verloren hat, betet er Gott in seinem ganzen Kummer und Schmerz noch an und spricht seine Zweifel und Gefühle offen vor Gott aus.

Hiobs Geschichte zeigt, dass es Leid und Schmerz schon immer gegeben hat. Wir sind also nicht die Ersten, die so etwas durchmachen müssen. Wir sind damit nicht allein und werden auch nicht allein gelassen. Unsere Fragen in solchen Zeiten sind so alt wie die Menschheit. Hiob wehrte sich gegen seine neue Realität, und gerade als alle Hoffnung verloren schien, zeigte Gott sich ihm, um ihn daran zu erinnern, dass er die ganze Zeit da gewesen war. Durch ihre radikale Echtheit und geistliche Inspiration hat die Bibel weit mehr Kraft als jedes Selbsthilfebuch oder positives Denken. Die Bibel ist wie eine Adrenalinspritze mitten ins Herz.

Ein wunschlos glücklicher Mann

Hiob lebte vor Tausenden von Jahren. Ganz am Anfang seiner Geschichte erfahren wir: „Er war rechtschaffen, aufrichtig und gottesfürchtig und sein Lebenswandel war untadelig" (Hiob 1,1). Hiob war ein feiner Kerl. Er liebte Gott, er betete für seine Familie und hielt, was er versprach. Er bezahlte seine Rechnungen pünktlich, beteiligte sich an allen Wohltätigkeitsveranstaltungen in der Schule und hätte wahrscheinlich auch seinen Müll getrennt, wenn das zur damaligen Zeit schon ein Thema gewesen wäre. Hesekiel zählt ihn zusammen mit Noah und Daniel zu den rechtschaffensten Männern aller Zeiten (siehe Hesekiel 14,14; 20).

Und als wäre das alles noch nicht genug, war Hiob auch noch steinreich. Er besaß gewaltige Viehherden, ein Zeichen dafür, dass er in der Gesellschaft seiner Zeit hohes Ansehen genoss. In der Bibel lesen wir: „Von allen Bewohnern des

Ostens war Hiob der reichste" (Hiob 1,3). Hiob war der Bill Gates des Altertums, der Donald Trump des Alten Testaments. Hiob hatte alles … doch das sollte sich ändern.

Ein ungebetener Gast

Der Schauplatz der Geschichte wechselt von Hiob, der gesund und glücklich auf der Erde lebt, in himmlische Sphären. Gott sitzt auf seinem Thron und die Engel haben sich versammelt, um Bericht zu erstatten. Doch dann taucht ein Problem auf. Ein Eindringling namens Satan stört die Zusammenkunft.

In der Bibel erfahren wir, dass Satan ein von Gott erschaffener Engel war, der jedoch so stolz wurde, dass er sich gegen Gott wandte und deshalb aus dem Himmel verstoßen wurde. In der Bibel heißt es, dass Gott sich noch mit Satan befassen wird und dass für den Satan und dessen Engel die Hölle geschaffen wurde (siehe Matthäus 25,41). Der Tag der Abrechnung rückt näher. Es ist interessant, dass im biblischen Urtext der Name Satans immer mit dem bestimmten Artikel versehen ist, also „*der* Satan". Das Wort *Satan* bedeutet „Ankläger" oder „Feind". Also der Satan, der Ankläger, tauchte auf und führte ein Gespräch mit Gott.

Gott fragt: „Ist dir mein Knecht Hiob aufgefallen?" (Hiob 1,8). Das klingt fast ein bisschen prahlerisch: „Hast du Hiob gesehen? Ist er nicht phantastisch? Er ist mir ganz und gar ergeben. So einen findest du kein zweites Mal."

Satan entgegnet: „Na ja, aber Hiob hat ja auch allen Grund zur Ehrfurcht vor dir. Du hast ihn, seine Familie und seinen

Besitz immer bewahrt. Du lässt ihm alles gelingen, was er anpackt. Das sieht man doch schon daran, wie reich er ist." Und dann wirft Satan Gott den Fehdehandschuh hin und sagt: „Aber wenn du ihm alles nimmst, was er hat, dann wird er dich ganz sicher verfluchen!" (Hiob 1,9–11).

Satan unterstellt also, dass Hiob Gott nur deshalb anbetet, weil er ihn reich gesegnet hat. Wenn ihm all das genommen wird, so die Vermutung Satans, bleibt nichts von Hiobs Gottesfurcht und Rechtschaffenheit übrig. Also erlaubt Gott Satan, Hiob zu prüfen, allerdings mit einer Einschränkung: „... mit seinem Besitz darfst du tun, was du willst. Ihn selbst aber rühre nicht an" (Hiob 1,12).

Als Satan vor Gott steht und mit dem Finger auf Hiob zeigt, hat er es in Wirklichkeit auf den Kern der Identität und des Wesens Gottes abgesehen. Wenn Hiob so richtig durchgeschüttelt wird, so denkt sich Satan, sagt er sich bestimmt öffentlich von Gott los.

Nachdem Gott Satan die Grenze gesetzt hat, Hiob selbst nicht anzurühren, „... entfernte sich Satan aus der Gegenwart des Herrn" (Hiob 1,12), wahrscheinlich, um sich sofort ans Werk zu begeben. Später erlaubt Gott Satan dann sogar noch, Hiob auch körperlich Schaden zuzufügen.

Dieser Austausch zwischen Gott und dem Satan im Himmel soll uns daran erinnern, dass die beiden keine ebenbürtigen Gegner sind, die einander in einem Wettstreit gegenüberstehen, an dem wir alle beteiligt sind und bei dem wir besser abschneiden, je mehr wir beten und je besser wir uns verhalten. Wenn Gott und Satan in den Boxring steigen würden, dann wäre Gott in seiner Kraft, Beweglichkeit und Geschicklichkeit wie Muhammad Ali, und Satan hätte

Ähnlichkeit mit SpongeBob Schwammkopf. Der Kampf wäre einfach nur eine Lachnummer.

Gott und Satan sind nicht vergleichbar. Gott hat die volle Kontrolle, denn er ist allmächtig. Satan ist Gottes Besitz, so wie Sie oder ich einen Hamster besitzen.

> Wenn Gott und Satan zusammen in den Boxring steigen würden, dann wäre Gott in seiner Kraft, Beweglichkeit und Geschicklichkeit wie Muhammad Ali, und Satan hätte Ähnlichkeit mit SpongeBob Schwammkopf.

Satan richtet zwar unglaublich viel Leid und Schmerz auf dieser Welt an, aber Gott hat die Kontrolle über ihn. Das ist eine wunderbare Tatsache, die mir große Hoffnung macht. Ich erlebe keine Katastrophe, keine persönliche Tragödie, keine Versuchung, keinen geistlichen Kampf, ohne dass Gott es nicht weiß und zulässt. Martin Luther soll einmal gesagt haben: „Sogar der Teufel ist der Teufel des Herrn."

Das ist nur eine der Erkenntnisse über das Leiden, die wir aus der Geschichte Hiobs gewinnen können. Es gibt noch viele mehr.

Vernichtet

Und dann ist der Schauplatz plötzlich wieder die Erde und Hiobs Geschichte geht weiter. Ein Bote kommt zu Hiob und meldet ihm, dass Diebe seine Ochsen und Esel gestohlen und seine Knechte getötet haben. Das ist natürlich ein gewaltiger materieller Verlust für Hiob, aber auch ein persönlicher, denn diese Knechte waren Hiobs geschätzte

Bedienstete, zu denen er eine Beziehung hatte. Doch noch bevor Hiob auch nur die Chance hat, Waffen zusammenzusuchen und die Täter zu verfolgen, kommt ein zweiter Bote und berichtet, dass ein Blitz eingeschlagen und Hiobs Schafe und alle seine Hirten vernichtet hat. Damit hat sich Hiobs unermesslicher Viehbestand in nichts aufgelöst. Doch noch bevor der Bote ausgeredet hat, kommt ein weiterer und berichtet, dass Viehdiebe Hiobs Kamele gestohlen und die Kamelhüter umgebracht haben.

Aber dann kommt das Schlimmste. Der vernichtende Schlag. Ein vierter Bote kommt und meldet, dass Hiobs Söhne und Töchter beim Einsturz seines Hauses ums Leben gekommen sind. Alle zehn sind tot.

Können Sie sich einen solchen Schmerz vorstellen? Hiob hat den absoluten Tiefpunkt seines Lebens erreicht. Vielleicht sind wir bei der Lektüre von Hiobs Geschichte nicht ganz so schockiert, weil wir bereits am Anfang der Geschichte von dem Zusammentreffen zwischen Gott und dem Satan erfahren haben, aber Hiob ist völlig ahnungslos und deshalb absolut unvorbereitet! Er hat nichts gewusst von der unsichtbaren geistlichen Realität hinter den Kulissen. Und davon einmal abgesehen, ist das Ganze für ihn ja auch keine Geschichte, sondern sein Leben! Hiob lebt seinen ganz normalen Alltag wie immer und innerhalb nur eines einzigen Tages wird sein gesamtes Leben in Schutt und Asche gelegt. Kommt Ihnen das bekannt vor?

Hiob lebt seinen ganz normalen Alltag wie immer und innerhalb nur eines einzigen Tages wurde sein gesamtes Leben in Schutt und Asche gelegt. Kommt Ihnen das bekannt vor?

Das Erste, was Hiob tut, als er am absoluten Nullpunkt angekommen ist – er bringt seinen Schmerz vor Gott. In der Bibel heißt es: „Da stand Hiob auf und zerriss seine Kleider" (Hiob 1,10). Dann schor er sich den Kopf. Das Haar galt im Altertum als Statussymbol. Wenn sich jemand den Kopf schor, dann bedeutete das: „Ich habe meinen Status verloren. Alles, was ich geliebt und wofür ich gearbeitet habe, ist weg."

Hiob weiß genau, wohin er sich in der Krise wenden muss. Er „… warf sich vor Gott zu Boden" (Hiob 1,20). Über Hiob ist die absolute Katastrophe hereingebrochen. Sein ganzes Leben lang ist er auf diese Katastrophe vorbereitet worden, ohne dass er es gewusst hat, und als dann der Moment gekommen ist, denkt er: *Es gibt nur einen Ort, wo ich jetzt hingehen kann. Es gibt nur eine Quelle der Kraft und der Stärke und der Hoffnung, an die ich mich wenden kann.* Und so fällt er auf sein Angesicht und betet Gott an.

Die Stimme aus dem Sturm

In der Geschichte von Hiob gibt es immer wieder Abschnitte, in denen alles in Frage gestellt wird und eine Auseinandersetzung mit dem Problem des Bösen und des Leidens stattfindet. Am Ende des Buches sitzt Hiob gerade mit seinen Freunden zusammen, als ein Sturm ausbricht. Er hat geklagt, sich bei den Freunden ausgeweint, die ihm keine große Hilfe sind, und die ganze Zeit wartet er verzweifelt auf das Eingreifen Gottes. Und als dann plötzlich dieser Sturm ausbricht, „da antwortete der Herr Hiob aus dem Sturm" (Hiob 38,1). Gott kommt persönlich zu Hiob und antwortet ihm.

Zu den bemerkenswertesten Aspekten des Buches Hiob gehört die Tatsache, dass Gott überhaupt zu Hiob kommt, um mit ihm zu sprechen. Aber als er es tut, vermittelt seine bloße Anwesenheit: „Ich bin die ganze Zeit bei dir gewesen. Ich weiß, was du durchgemacht hast. Ich habe alles gehört, was du gesagt hast." Schon allein das zeigt, wie wenig Hiobs Freunde über Gott wissen. Sie haben nämlich durchblicken lassen, dass Gott Hiobs Gebete wahrscheinlich deshalb nicht hört, weil ihr Freund nicht rechtschaffen genug gewesen ist. Und sie behaupten, dass, wenn Gott überhaupt zu Hiob sprechen würde, es wahrscheinlich ein vernichtendes Urteil wäre. Aber Gott antwortet Hiob, und zwar nicht in Form eines Urteils, sondern entgegen aller Wahrscheinlichkeit und Erwartung wendet er für Hiob alles zum Guten.

Gott spricht sehr eindringlich zu Hiob. Über dreißig Kapitel lang haben Hiob und seine Freunde miteinander diskutiert. Hiob hat Gott unzählige Fragen entgegengeschleudert. Er hat Dinge zu Gott gesagt, die sehr kühn, ja, geradezu anmaßend waren. Und als es dann soweit ist, dass Gott ihm antwortet, tut er das auf eine Weise, bei der Hiobs philosophisches und emotionales Gehabe nur noch kläglich wirkt.

Gott beginnt mit einer schwerwiegenden Frage: „Wer ist es, der Gottes weisen Plan mit Worten ohne Verstand verdunkelt?" (Hiob 38,2).

Ich kann mir vorstellen, dass Hiob gedacht hat: *Oh-oh, das sieht ja gar nicht gut aus.*

Gott fährt fort: „Tritt vor mich hin wie ein Mann! Ich will dir Fragen stellen und du sollst mich belehren" (Hiob 38,3).

„Tritt vor mich hin wie ein Mann!" Was zum Kuckuck sollte das denn bedeuten? Da steht Hiob, der getobt und gewütet und sich verbal über alle anderen ausgekotzt hat (weil es ihm so schlecht ging), mit eitrigen Geschwüren übersät und in angstvoller Sehnsucht, vor Gott, und Gott sagt ihm praktisch, er soll sich wappnen. So langsam wird es heftig.

Wie heftig würde es wohl noch werden? Gott fordert Hiob zwei Mal heraus und stellt ihm siebenundsiebzig Fragen. Und Hiob ist nicht in der Lage, auch nur eine einzige davon zu beantworten. Gott stellt ihm Fragen über die Schöpfung, die Natur, die Gestirne und das Universum. Er fragt ihn Dinge wie: „Kannst du die Bänder des Siebengestirns knüpfen? Öffnest du die Fesseln des Orion?“ (Hiob 38,31).

Überlegen Sie doch einmal. In einer klaren Nacht kann man mitten in New York etwa dreißig Sterne am Himmel sehen, in den meisten ländlicheren Gegenden etwa dreitausend und mit Hilfe eines Teleskops bis zu dreißig Milliarden. Man weiß nicht, wie viele Sterne es gibt, aber es ist bekannt, dass es allein in unserer Galaxie über zweihundert Milliarden sind. Einer der größten bekannten Sterne hat einen Durchmesser von fast 1,6 Milliarden Kilometern!

Durch eine Sonneneruption, also eine Energieexplosion auf der Oberfläche der Sonne, wurde kürzlich eine magnetische Wolke in einer Geschwindigkeit von 1,6 Millionen Kilometern pro Stunde in Richtung Erde geschleudert. Die Wolke hatte einen Durchmesser von über 48 Millionen Kilometern. Stellen Sie sich einmal die Größe und die Geschwindigkeit dieser Wolke vor, und dann überlegen Sie, dass Gott noch größer und schneller ist. Der Bestsellerautor und Forscher Richard Swenson schreibt: „Wenn wir eine magnetische Wolke mit einem Durchmesser von 48 Millionen Kilometern mit einer Geschwindigkeit von 1,6 Millionen Kilometern pro Stunde erleben – ist Gott dann größer als diese Wolke? Ist er schneller? Wenn im Sonnenkern eine Temperatur von fünfzehn Millionen Grad Celsius und ein Druck von 250 Milliarden Kilogramm pro Quadratzentimeter herrschen – könnte Gott sich dann in den Kern der Sonne begeben, dort ein Nickerchen machen und wieder herauskommen? Jedes eindrucksvolle Gebilde, jedes beeindruckende Ereignis im Universum sollte uns an einen Gott erinnern, der größer ist als alle seine Werke."[2]

Gott macht Hiob hier klar, dass seine Schöpfung nicht nur zum Staunen ist, sondern dass er noch über seiner Schöpfung steht und treu über sie wacht. Er sagt: „Vergiss nicht, mit wem du sprichst!" Wenn wir uns regelmäßig die Zeit nähmen, in die unendliche Weite des Nachthimmels zu schauen und über den Gott zu meditieren, der ihn erschaffen hat und aufrechterhält, dann würden wir vielleicht weniger an seiner Fähigkeit zweifeln, uns zu trösten und aufzurichten. Wenn wir den Schöpfer des Universums so verherrlichen würden, wie es ihm zusteht, dann würden wir ihn vielleicht nicht mit Anklagen bombardieren, wenn unser persönliches Leben aus den Fugen gerät.

Wenn wir den Schöpfer des Universums so verherrlichen würden, wie es ihm zusteht, dann würden wir ihn vielleicht nicht mit Anklagen bombardieren, wenn unser persönliches Leben aus den Fugen gerät.

Interessant an der ganzen Geschichte von Hiob ist ja auch, dass Gott bei all den Fragen, die er Hiob stellt, nie darauf eingeht, welchen konkreten Sinn all das Leid hat, das Hiob durchmachen muss. Er sagt nicht: „Hiob, ich will dir erklären, wie es überhaupt dazu gekommen ist. Satan ist zu mir gekommen, und wir haben darüber gesprochen, worauf dein Vertrauen zu mir beruht, und, um es kurz zu machen, ich habe Satan die Erlaubnis erteilt, dich zu prüfen." Gott beantwortet zwar Hiobs Frage nicht, warum Menschen leiden und sich abquälen müssen, aber er befindet diese Frage – und zwar zum Glück für Hiob – für verständlich. Gott bestätigt, dass Hiob die Fragen, die ihm am meisten auf der Seele gebrannt haben, an den gerichtet hat, der sie beantworten kann. Er bestätigt Hiobs Glauben, dass er, Gott, sowohl gut als auch allmächtig ist.

Wo war Gott, als Hiob an den Gräbern seiner Kinder stand und sich völlig allein und verlassen fühlte? Wo war Gott, als Hiob trauerte und weinte und klagte, als er seinen Schmerz herausschrie? Wo war Gott, als Hiob sich Gott so unendlich fern fühlte und deshalb unendlich verzweifelt war?

Wir haben dieselben Fragen.

Wo ist Gott, wenn ein Freund um den Verlust seiner geliebten Frau trauert, die im Alter von erst dreiundsechzig Jahren gestorben ist?

Wo ist er, wenn ein Soldat in Afghanistan auf Befehl im Kugelhagel einen Hügel stürmt, seine Kameraden darin umkommen und er sich fragt, ob er jemals nach Hause zu seinen Kindern zurückkehren wird?

Wo ist Gott, wenn Sie auf Ihrem Glaubensweg Zeiten erleben, in denen Sie das Gefühl haben, Sie schaffen es einfach nicht? Sie gehen in die Gemeinde, lesen in der Bibel, Sie tun alles, was verlangt wird, aber trotzdem haben Sie das Gefühl, es bringt nichts. Wo ist Gott *dann*?

Tatsache ist, dass Gott die ganze Zeit für Hiob da war. Und genauso ist er auch für uns da, und zwar näher, als wir glauben.

Großzügiger Gott

In den Augen von Hiobs Freunden ist Gott ein Griesgram, ein Geizkragen, ein Verkehrspolizist mit einer Radarpistole und einem Strafzettelsoll. Sie schätzen Gott, der in Wirklichkeit reich an Gnade, Barmherzigkeit, Freude und jeder anderen guten und vollkommenen Gabe ist, völlig falsch ein. Gott ist unglaublich spendabel.

Gott schenkt Hiob „doppelt so viel, wie er vorher besessen hatte" (Hiob 42,10). Doppelt so viel! Vorher ist er bereits der reichste Mann der ganzen Gegend gewesen, aber jetzt ist er nicht mehr nur reich, sondern steinreich. „So segnete der Herr Hiobs weitere Lebenszeit noch viel mehr als sein vorheriges Leben. Denn jetzt besaß er 14.000 Schafe, 6.000 Kamele, 1.000 Ochsengespanne und 1.000 Eselinnen. Außerdem bekam er sieben Söhne und drei Töchter" (Hiob 42,12–13). Diese Geschenke können zwar niemals ersetzen, was er verloren hat – man kann ein Kind nicht einfach durch ein anderes ersetzen –, aber sie bezeugen Gottes Gnade und Großzügigkeit inmitten schrecklichen Leids.

Lesen wir noch ein wenig weiter: „Hiob lebte danach noch 140 Jahre. Er sah vier Generationen seiner Kinder und Enkel. Dann starb er als alter Mann nach einem langen erfüllten Leben" (Hiob 42,16–17). Man könnte auch sagen: „Er starb alt und zufrieden." Gott schließt den Kreis – und mehr noch als das: Hiob stirbt nicht als verbitterter, gebrochener Mann, sondern als ein Mensch, der voller Freude ist und einem Gott vertraut, der ihm durch jede Prüfung hindurchgeholfen hat.

Der Gott, der Zerbrochenes wieder zusammenfügt

Auf Gott zu vertrauen, bedeutet nicht automatisch, ein leichtes Leben zu haben. Auch dann können einem schreckliche Dinge zustoßen. So oder ähnlich könnte das Fazit lauten, das man aus der Geschichte von Hiob ziehen kann. Aber die Geschichte von Hiob ist mehr als das. Es ist die Lebensgeschichte eines Mannes, der zerbrochen wurde und ein biografischer Schnipsel eines Gottes, der wieder heil macht. Das Buch Hiob vermittelt die tiefgreifende Realität von Schmerz und Leid, aber auch die noch tiefere Realität des Gottes, der über die gefallene Welt hinaus weist, der schon da war, bevor Sünde und Zerbrochenheit in die Welt kamen, und der immer noch da sein wird, wenn es Sünde und Zerbrochenheit nicht mehr geben wird. Und das Buch vermittelt, dass die Gnade Gottes so groß ist, dass er selbst uns in eine Zukunft in ewiger Freude bei ihm führt.

> Unser liebevoller Gott wird heil machen, was zerbrochen ist, heilen, was verletzt ist; wiederaufbauen, was zerstört ist; heilen, was krank ist; flicken, was zerrissen ist, und auferwecken, was tot ist.

Man könnte das Ende Hiobs ja auch karmisch lesen („Gutes bringt letztendlich wieder Gutes hervor“) oder gefühlsbetont („Lass los und lass Gott machen“) oder religiös („Wenn man die richtigen Verhaltensknöpfe drückt, bekommt man das, was man sich wünscht“). Aber Gott möchte, dass wir die Geschichte mit Andacht lesen. Nein, ich meine nicht morgens um fünf in einer stillen Zeit mit Schlaf in den Augen und ungeputzten Zähnen (obwohl das wahrscheinlich auch nicht schaden würde). Ich meine, weil es sich hier um die Bibel handelt, also Gottes offenbartes Wort an uns, sollten wir das Buch Hiob lesen und uns selbst und Gott vollständiger und authentischer sehen, also uns selbst als bedürftiger und verzweifelter und Gott mit mehr Hoffnung. Denn wir *werden* auf jeden Fall Zerbrochenheit erleben, und nur Gott kann uns wieder heil machen. Und wenn wir ihm vertrauen, auch wenn er „uns töten mag“ (siehe Hiob 13,15), wird er uns heilen.

Hiob sagt, dass unser liebender Gott heil machen wird, was zerbrochen ist; heilen, was verwundet ist; wiederaufbauen, was zerstört ist; gesund machen; was krank ist; flicken, was zerrissen ist, und auferwecken, was tot ist. Wir können es wagen, ihm zu vertrauen, auch wenn wir vieles nicht verstehen. Wenn wir das tun, handeln wir in Übereinstimmung mit dem, was uns die Bibel lehrt. Gott in der eigenen Zerbrochenheit zu vertrauen ist das, was die Gläubigen der Bibel erleben. Es macht nichts, wenn wir nicht verstehen, warum. Halten wir einfach an dem Gott fest, der an uns festhält.

4

Beherztes Vertrauen

In seinem Buch *Verwegenes Vertrauen* erzählt Brennan Manning von August Gordon, einem der intelligentesten Studenten, die er je unterrichtet hat. August hat sich für ein Leben entschieden, wie es wohl kaum jemand auch nur in Betracht ziehen würde. Die Hälfte des Jahres lebt er völlig abgeschieden in den Smoky Mountains, die andere Hälfte arbeitet er bei Missionseinsätzen auf Haiti, Jamaika und den karibischen Inseln mit und verteilt dort Hilfsgüter an hungernde und obdachlose Menschen.

Als Manning August einmal besucht, stellt er ihm eine knifflige Frage: „Könnten Sie das Leben als Christ in einem Satz beschreiben, August?“

Überlegen Sie doch auch selbst einmal kurz, was Sie darauf antworten würden.

August jedenfalls antwortet wie aus der Pistole geschossen: „Das kann ich sogar mit einem einzigen Wort beschreiben: Vertrauen.“

Und dann geht Manning näher auf den Begriff ein:

Unerschütterliches Vertrauen ist etwas sehr Seltenes und Kostbares, denn es erfordert oft eine gehörige Portion Mut, die beinah ans Heroische grenzt. Wenn der Schatten des Kreuzes Jesu in Form von Versagen, Ablehnung, Verlassenheit, Verrat, Arbeitslosigkeit, Einsamkeit, Depressionen oder dem Verlust eines geliebten Menschen auf unser Leben fällt; wenn wir für alles taub sind außer für unsere eigenen Schmerzensschreie; wenn uns die Welt um uns herum plötzlich als ein feindlicher, bedrohlicher Ort erscheint, rufen wir vielleicht voller Qual aus: „Wie kann ein liebender Gott das zulassen?" In solchen Augenblicken wird die Saat des Misstrauens gesät. Es erfordert geradezu heldenhaften Mut, in jeder Situation auf die Liebe Gottes zu vertrauen, egal, was uns passiert.[1]

Die Sicherheit, die wir auch in unseren finstersten Zeiten haben, kommt nicht nur aus dem Wissen, dass Gott die Kontrolle hat, sondern auch aus dem Wissen, dass er uns liebt. Was würde es uns nützen, einen souveränen, gleichzeitig aber ambivalenten und gleichgültigen Gott zu haben? Wir können hoffen und vertrauen. Egal, ob es eine kaputte Familie, ein zerbrochener Traum, eine gescheiterte Ehe oder ein zerbrochenes Herz ist – das alles kann neu werden, und zwar nicht nur weil Gott Gott ist, sondern weil er gut ist.

Gott ist Liebe

In 1. Johannes 4,8 steht: „Gott ist Liebe." Er hat nicht nur Liebe oder gibt Liebe, sondern – er *ist* Liebe. An anderer Stelle in der Bibel steht, dass Jesus unser Friede ist (siehe Epheser 2,14; Elberfelder). Die besten Eigenschaften und Tugenden, die das Leben zu bieten hat, finden wir in dem Einen, der das Leben gibt. Er ist der *Weg*, er ist die *Wahrheit*, er ist das *Leben*.

Unser Schmerz sollte uns zu Gott hintreiben, denn niemand heilt wie Gott und niemand liebt wie Gott.

Das Vertrauen auf diese Eigenschaften Gottes kann unglaublich viel verändern, wenn unser Leben unterirdisch schrecklich ist. Denn wenn wir leiden, ist es oft nicht nur unsere Verletzung, die so weh tut, sondern auch das bange Gefühl, es könnte Gott egal sein, dass er sich einfach verdrückt hat oder, noch schlimmer, dass er es ganz konkret auf uns abgesehen hat. Wenn wir leiden oder uns mit irgendetwas abquälen, dann versucht der Satan uns zu der Schlussfolgerung zu verführen, dass Gott entweder ohnmächtig ist oder lieblos. Er will erreichen, dass wir unseren Schmerz als Indiz gegen Gott verwenden. Doch unser Schmerz sollte uns zu Gott hintreiben, denn niemand heilt wie Gott und niemand liebt wie Gott.

Lassen Sie uns dazu einige Verheißungen aus der Bibel ansehen. Es ist nur eine kleine Auswahl all der guten Dinge, die es über unseren guten Gott zu sagen gibt:

- Der Herr ist allen nahe, die verzweifelt sind; er rettet die, die den Mut verloren haben (Psalm 34,19).
- Denn ich weiß genau, welche Pläne ich für euch gefasst habe, spricht der Herr. Mein Plan ist, euch Heil zu geben und kein Leid. Ich gebe euch Zukunft und Hoffnung (Jeremia 29,11).
- Denn so spricht der Herr, der Allmächtige: „Wer euch antastet, tastet meinen kostbarsten Besitz an“ (Sach. 2,12).
- Überlasst all eure Sorgen Gott, denn er sorgt sich um alles, was euch betrifft! (1. Petrus 5,7).
- Die Gnade des Herrn aber gilt bis in alle Ewigkeit allen, die ihm gehorsam sind (Psalm 103,17).
- Die Gnade des Herrn nimmt kein Ende! Sein Erbarmen hört nie auf (Klagelieder 3,22).

Der letzte Vers stammt aus dem Buch der Klagelieder, das seinen Namen zu Recht trägt, weil es eine Sammlung tief empfundener Äußerungen des Schmerzes, der Angst und der Trauer ist. Doch in dem Buch wird auch verkündet, dass selbst in allen Problemen und Sorgen Gottes Liebe immer und felsenfest da ist. Und seine Liebe zu uns ist nicht so wankelmütig wie unsere Liebe zu ihm. Sein Interesse an unserem Leben und seine Fürsorge für uns ist unveränderlich. Seine Gnade uns gegenüber verändert sich nicht, so wie es unsere Gefühle tun. Er ist immer da und sorgt für uns.

Vertrauen bei Krankheit

Als vor einigen Jahren bei Tony Snow, dem Pressesprecher von Präsident George W. Bush, Darmkrebs diagnostiziert wurde, sprach er öffentlich darüber, wie man im Glauben über die Frage nach dem *Warum* hinauskommt:

Wir sollten nicht zu viel Zeit auf die Suche nach Antworten auf das Warum verwenden: Warum ich? Warum müssen Menschen leiden? Warum konnte nicht jemand anders krank werden? Wir bekommen darauf keine Antwort, und die Fragen an sich haben ja auch oft eher den Zweck, unserer Qual Ausdruck zu verleihen, als wirklich eine Antwort darauf zu bekommen.

Ich weiß nicht, warum ich Krebs habe, und eigentlich ist mir auch egal, warum. Es ist, wie es ist – eine unstrittige Tatsache. … Unsere Krankheiten definieren ein zentrales Merkmal unserer Existenz: Wir sind gefallene Menschen. Wir sind unvollkommen. Unser Körper verfällt.

Doch trotz alledem – oder gerade deswegen – bietet Gott uns die Chance der Rettung und der Gnade an. Wir wissen nicht, wie die Geschichte unseres Lebens zu Ende gehen wird, aber wir haben die Wahl, wie wir die Zeitspanne zwischen dem Jetzt und dem Moment, in dem wir unserem Schöpfer von Angesicht zu Angesicht gegenüberstehen, verbringen wollen.[2]

Wir wünschen uns alle ein sorgenfreies Leben, aber Snow erinnert uns daran, dass Gott gern „abseits der eingefahrenen Wege unterwegs ist". Gott kommt seinen Kindern besonders dann ganz nah und kümmert sich um ihre Nöte und Bedürfnisse, wenn sie in der Wüste unterwegs sind. Das war schon zu biblischen Zeiten so, und daran hat sich bis heute nichts geändert. Und als sich der reiche, berühmte und glückliche Tony Snow plötzlich in der Wüste wiederfand, verließ er sich nicht auf die Wissenschaft, obwohl er eng mit ihren Vertretern in Kontakt blieb und dankbar war für diese Kontakte. Nein, er vertraute auf Gott. Aber nicht auf irgendeinen Gott, sondern er vertraute auf den einen wahren Gott – den Gott, der uns durch seine Liebe bewahrt.

Jesus sagt zu seinen Jüngern: „Nicht einmal ein Spatz, der doch kaum etwas wert ist, kann tot zu Boden fallen, ohne dass euer Vater es weiß. Selbst die Haare auf eurem Kopf sind alle gezählt. Deshalb habt keine Angst; ihr seid Gott kostbarer als ein ganzer Schwarm Spatzen" (Matthäus 10,29–31). In diesem Abschnitt bestätigt Jesus die souveräne Herrschaft des Vaters. Er sieht alles und weiß alles. Er ist groß genug, um das ganze Universum zu beherrschen und kennt dennoch jedes Detail, sogar wie viele Haare wir auf dem Kopf haben. Aber Jesus bestätigt uns nicht nur die Allmacht und Allwissenheit des Vaters, sondern auch dessen Liebe. Wir sind *kostbar* für ihn.

Bei anderer Gelegenheit erklärt Jesus den Menschen, die ihm nachfolgen: „Ich habe euch das alles gesagt, damit ihr in mir Frieden habt. Hier auf der Erde werdet ihr viel Schweres erleben. Aber habt Mut, denn ich habe die Welt überwunden" (Johannes 16,33). Wieder bekommen wir die Bestätigung seiner Allmacht – Jesus hat die Welt überwunden – gepaart mit der Verheißung von Frieden und dem Zuspruch, Mut zu fassen. Und warum ist das so? Weil Gott die Welt nicht nur beherrscht, sondern weil er sie auch liebt.

Die Welt dreht sich weiter, aber Gottes Liebe bleibt immer gleich. Wir werden innerlich hin und her gerissen, aber Gott bleibt immer bei den Zerbrochenen und Zerschlagenen. Unsere Liebe ist unberechenbar, aber Gottes Liebe ist unerschütterlich. Sie hört nie auf. Gottes Liebe wird uns folgen, bis wir sterben, und uns auch noch in unser himmlisches Leben nach dem Tod folgen.

Wenn die Welt um uns her zusammenbricht, werden wir getragen von der tiefen, tiefen Liebe Gottes.

Wenn die Welt um uns her zusammenbricht, werden wir getragen von der tiefen, tiefen Liebe Gottes. In seinem Buch *How Long, O Lord?* (Wie lange noch, o Herr?) schreibt D. A. Carson:

Denken Sie nur an Paulus: Dreimal täglich betet er, dass ihm sein ‚Stachel im Fleisch' (was immer das gewesen sein mag) genommen werden möge. Als ich noch klein war, wurde mir immer gesagt, dass Gott normalerweise drei Antworten hat: ‚Ja', ‚nein' und ‚warte'. Damit ist er immer auf der sicheren Seite – Gott kann gar nicht verlieren, egal, was passiert. Aber Paulus gibt er eine ganz andere Antwort. Sie lautet: ‚Meine Gnade ist alles, was du brauchst. Meine Kraft zeigt sich in deiner Schwäche' (2. Korinther 12,9).

Und letztlich gibt sich Paulus mit dieser Antwort nicht nur zufrieden, sondern er jubelt darüber. Es ist sein tiefster und innigster Herzenswunsch, in seinem Leben und seinem Dienst dieselbe Kraft zu erfahren, die Jesus von den Toten auferweckt hat (siehe Philipper 3,10). Und hier erfährt er das Geheimnis dahinter: Gottes Kraft wird im Leben von Paulus dann vollkommen, wenn Paulus selbst schwach ist.[3]

Hier geht es nicht um ein willkürliches Wirken der Kraft. Es stimmt, dass es Gott letztlich um seine eigene Verherrlichung geht, aber er hat beschlossen, dass seine Herrlichkeit in unserer Wiederherstellung sichtbar werden soll. Wir brauchen nicht mehr als die Kraft seiner Gnade. Es ist seine Kraft *in unserem Leben*, die uns Anlass gibt, für Freude zu kämpfen.

Und trotz aller widrigen Umstände wird für alle, die darauf vertrauen, dass Jesus ihre Rettung ist, der Tag kommen, an dem alle ihre Schwächen getilgt, ihre Tränen getrocknet, ihre Ängste aufgelöst und ihr Schmerz und ihre Zerbrochenheit geheilt werden. Das alles geht vorbei, aber „die Liebe hört niemals auf"! (1. Korinther 13,8)

Wahre Liebe

In dem Filmklassiker *Die Braut des Prinzen* gibt es eine großartige Szene mit Inigo Montoya und Miracle Max. Westley ist fast tot, aber Montoya braucht ihn lebend, damit er ihm helfen kann, seinen Vater zu rächen. Miracle Max, gespielt von Billy Crystal, will nicht helfen, es sei denn, es springt dabei genug Geld für ihn heraus oder er bekommt einen triftigen Grund genannt.

Nachdem Miracle Max Westley von Mund zu Mund beatmet hat, beugt er sich über ihn und fragt: „Hallo, du da drinnen. Hallo, was ist denn so wichtig? Was gibt es denn hier schon, wofür es sich zu leben lohnt?" Und dann drückt er sanft auf Westleys Brust.

Westley entweichen zwei Worte: „Waaahre Liiiebe."

Und Montoya sagt ganz aufgeregt: „Wahre Liebe. Du hast ihn gehört. Einen edleren Grund gibt es nicht."

Miracle Max kommt zurück und sagt: „Wahre Liebe ist das Großartigste auf der Welt. Außer einem schönen Sandwich mit Hammelfleisch, Kopfsalat und Tomaten, vorausgesetzt das Fleisch ist schön und mager und die Tomaten reif." (Wirklich ein toller Film!)[4]

Wahre Liebe ist wirklich das Großartigste auf der Welt, aber sie ist etwas anderes als die verzerrte Form von Liebe, die wir zu egoistischen Zwecken einsetzen. Hier ist die von Gott verkörperte Liebe gemeint, die schon vor Erschaffung der Welt da war. Diese Liebe ist selbstlos. Sie stellt keine Bedingungen und erwartet nichts. Sie ist rein und heilig. Sie ist nicht nach innen auf das eigene Selbst gerichtet, sondern konzentriert sich immer auf andere. Es ist eine Liebe, die alles für Sie und für mich gegeben hat. Es ist eine Liebe, die das tiefste Wesen Gottes widerspiegelt.

Wir haben oft ein völlig verkorkstes Bild von Gott. Wir stellen uns ihn vor wie eine Comicversion von Captain Spock in *Raumschiff Enterprise*, der in Bezug auf alles, was mit Gefühlen zu tun hat, eiskalt rational ist. Manchmal glauben wir, dass Gott distanziert ist, ohne eine Verbindung zu uns. Vielleicht haben wir auch die Vorstellung von einem gleichgültigen, stoischen Gott, der weder willens noch in der Lage ist, Verständnis für unsere Schwächen aufzubringen. Wenn irgendetwas von alldem bei uns zutrifft, dann sollten wir diese Vorstellungen schleunigst über Bord werfen. So ist Gott nämlich nicht. Das ist nicht die Haltung, mit der er den Menschen in der Bibel begegnet.

Vielleicht haben wir auch die Vorstellung von einem gleichgültigen, stoischen Gott, der weder willens noch in der Lage ist, Verständnis für unsere Schwächen aufzubringen ... wir sollten diese Vorstellungen schleunigst über Bord werfen.

Ich liebe die Geschichte von Lazarus. Jesus und Lazarus waren Freunde. Jesus kam in Bethanien an, nachdem Lazarus nach längerer Krankheit ein paar Tage zuvor gestorben war, und traf am Grab des Freundes dessen Angehörige und Freunde an. Jesus war tieftraurig. Der Vers, der beschreibt, wie Jesus jetzt reagiert, ist einer der machtvollsten und auch einer der kürzesten der ganzen Bibel: „Da weinte Jesus" (Johannes 11,35).

Mir macht dieser Vers Hoffnung, denn tief in meinem Inneren möchte ich keinen Gott und Erlöser, der mir nur den Kopf tätschelt und mich mit einem „alles wird gut" abspeist.

Ich wünsche mir einen Gott, der meinen Schmerz versteht. Ich möchte einen Gott, der die Tatsache eingesteht, dass wir in dieser Welt viel Schweres erleben (siehe Johannes 16,33). Ich will einen Gott, der meine Gefühle akzeptiert und mit mir fühlt.

Jesus tut den Schmerz seiner Freunde nicht einfach ab. Er versucht nicht, ihn wegzuerklären oder zu bagatellisieren. Er lässt sich ganz und gar darauf ein und fühlt mit. Er weint. Und dann weckt er Lazarus vom Tod auf.

Und auch mit uns weint er nicht nur mit, sondern er verspricht uns, dass er auch uns eines Tages vom Tod auferwecken wird!

Die lebenden Toten

In seinem tiefen Schmerz und seiner abgrundtiefen Verzweiflung stellt Hiob die wichtigste Frage, die man unter solchen Umständen stellen kann: „Wenn ein Mensch stirbt, kann er dann ins Leben zurückkehren?“ (Hiob 14,14). Innerlich fühlt sich Hiob ohnehin schon wie tot, und vielleicht denkt er wegen der Krankheiten, von denen er heimgesucht wird, auch schon an seinen körperlichen Tod. Er verliert seine Hoffnung auf Erfolg, Wohlstand, Gesundheit und sogar auf eine Familie. Er klammert sich an die größte aller Hoffnungen: an die Hoffnung auf ewiges Leben. *Wenn ich sterben muss*, denkt er, *werde ich dann ins Leben zurückkehren? Gibt es nach diesem Leben ein neues, besseres Leben?* Im zweiten Teil von Hiob 14,14 lesen wir, auf welche Antwort Hiob hofft: „Wenn es so wäre, würde mir das während all der Jahre, die ich mich abmühe, Hoffnung geben, und ich würde ungeduldig auf die Erlösung durch den Tod warten."

Wenn Hiob glauben könnte, dass all das Schwere auf dieser Welt nicht das Ende allen Lebens wäre, wäre ihm das eine unermessliche Hilfe in seiner schweren Lage. Er könnte neue Hoffnung schöpfen. Wenn es wirklich ewiges Leben gäbe, wäre das ein Grund, „mit unaussprechlicher und herrlicher Freude zu jubeln" (siehe 1. Petrus 1,8; GNB), auch wenn wir in diesem Leben eher Anlass haben, in unaussprechlichem Schmerz zu klagen.

Aber genauso, wie wir auf dieser Welt Schweres erleben, werden wir uns in der künftigen Welt mit „unaussprechlicher Freude" freuen. Gott versichert Hiob – und auch uns heute –, dass ein Mensch ins Leben zurückkehren *kann*. Und das ist für uns in all den mühevollen Jahren hier Grund zur Hoffnung.

Wir können Trost finden in dem Wissen, dass der Gott, der Herrscher über unser Leiden ist, derselbe Gott ist, der auch Herrscher über die Erlösung aller Schöpfung ist, der über Freude und Schmerz, Segen und Fluch sowie Erneuerung und Zerbrochenheit herrscht. Der souveräne Gott des Kreuzes ist der souveräne Gott der Auferstehung. Und die Auferstehung ist es, auf die sich Hiob am meisten freut, als er sagt:

Und doch weiß ich, dass mein Erlöser lebt
und auf dieser Erde das letzte Wort haben wird.
Mag meine Haut noch so zerfetzt und von meinem Fleisch wenig übrig sein,
werde ich Gott doch sehen.

Ich werde ihn sehen, ja, mit meinen eigenen Augen werde ich ihn erblicken,
ohne jede Fremdheit. Danach sehnt sich alles in mir.
(Hiob 19,25–27)

Hiob sagt also: „Auch wenn ich sterbe, weiß ich, dass mein Erlöser lebt. Ich weiß, dass mein Gott den Tod besiegt hat. Mein Fleisch mag von Würmern und Maden zerfressen werden, aber ich weiß, dass ich einen neuen, unzerstörbaren Körper bekommen werde. Und ich werde mich nicht mehr fragen müssen, wo Gott ist, denn ich werde ihn mit meinen eigenen Augen sehen." (Ja, das alles sagt er wirklich.)

Wann haben wir uns das letzte Mal von diesem Gedanken umhauen lassen?

Durch das Leben, den Tod und die Auferstehung Jesu bekommen wir über all das noch mehr Klarheit. Wir rechnen mit dem Sieg Gottes in Christus. „In Christus" zu sein bedeutet, dass nicht nur wir am Leiden Christi teilhaben, sondern auch er hat auf entscheidende Weise teil an unserem: So wie Christus überwunden hat, werden auch wir überwinden.

Die Auferstehung ist die Wiedergutmachung für das Leiden, das Christus am Kreuz erdulden musste. Das ist eine ganz konkrete – und ultimative – Veranschaulichung der Tatsache, dass Gott den Sieg davontragen wird. Als Jesus seinen Schmerz herausschrie und in das kalte, dunkle Grab gelegt wurde, erlebten die Menschen, die ihm nachfolgten, wahrscheinlich etwas ganz Ähnliches wie Hiob. In dem Moment, als der Eine, den sie als ihren Retter und ihre Hoffnung betrachtet hatten, an das Kreuz der Römer genagelt wurde, war das das Aus für ihre Wünsche und Hoffnungen. Aber am dritten Tag, als Jesus auferstand, errang Gott den Sieg.

Die Auferstehung ist die Garantie auf Erlösung für all diejenigen, die leiden. Wenn es keine Auferstehung gäbe, wäre der Glaube sinnlos und Jesus wäre nur eine ganz normale Leiche. Doch durch seine Auferstehung hat Jesus die Sünde und den Tod ein für alle Mal überwunden und ist für alle Ewigkeit in die Herrlichkeit eingetreten. Jetzt darf unser Leiden und unser Schmerz bekannt werden, denn ihre Tage sind gezählt. Die Auferstehung besiegelt den Sieg Gottes und gibt denen, die leiden, neue Hoffnung. Martin Luther King Jr. hat das einmal so ausgedrückt: „Das Christentum hat schon immer darauf bestanden, dass das Kreuz, das wir jetzt tragen, nur der Krone vorausgeht, die wir einmal tragen werden.“ Jesus erinnert uns daran, dass Gott alle trösten wird, die traurig sind, sanftmütig und verfolgt werden und nach Gerechtigkeit hungern (siehe Matthäus 5,3–12).

Gott ist in der Lage und auch gern bereit, uns nach dem Leben auf dieser Welt ein Leben ohne Schmerzen, ohne Krankheit und ohne Kummer und Sorgen im Jenseits aufzutun.

Auch wenn Leid immer mit Finsternis verbunden ist, so wie bei Jesus, als er im Grab lag, wird helles Licht erstrahlen, wenn Gott sich an sein Volk erinnert, genauso wie in dem Moment, als Jesus vom Tod auferstand. Das Gute daran, dass Gott die Kontrolle über alles Leiden hat, ist, dass er sowohl in der Lage als auch gern bereit ist, uns nach dem Leben auf dieser Welt ein Leben ohne Schmerzen, ohne Krankheit und ohne Kummer und Sorgen im Jenseits aufzutun. Wenn wir das wissen und dem Urheber dieser Wahrheit vertrauen, dann ist das auch in schweren Zeiten Grund zu großer Hoffnung.

C. S. Lewis sagt, unsere Sehnsucht nach mehr zeigt, dass es Dinge gibt, die diese Sehnsucht stillen können.[5] So mögen wir zwar vielleicht das Gefühl haben, unser Wunsch, dass alles in der Welt „in Ordnung kommen" soll, sei lediglich utopisches Denken, aber die Bibel bezeugt, dass unsere Sehnsucht erfüllt wird, wenn „alles im Himmel und auf der Erde der Vollmacht Christi unterstellt wird" (Epheser 1,10).

Gott hat einen Plan, den er vollenden wird. Wie könnte er, der seinen eigenen Sohn nicht verschont hat, sondern ihn für unsere Sünden hingab, uns nicht auch großzügig alle guten Dinge schenken? Wenn es der Wille Gottes war, Christus am Kreuz zu zerschlagen und für alle, die auf Jesus vertrauen, den Sieg zu erringen, warum sollten wir dann fürchten, dass Gott nicht unser Bestes im Sinn hat – sogar mit unserem Leiden?

Der große Tausch

Für zerbrochene Menschen sind wahrscheinlich die beiden großartigsten und wichtigsten Zusagen, *dass Gott da ist* und dass er *uns liebt*. Schon in der großen Leere vor der Schöpfung war er da, in der großen Leere am Kreuz war er da; in der Leere unseres Leidens ist er da. Und er ist nicht nur da, sondern er liebt uns aus tiefstem Herzen. Eines Tages wird unser Schmerz von der überwältigenden Flut des Sieges Gottes in Christus weggespült werden.

An einem bestimmten Punkt ruft Hiob zutiefst frustriert aus: „Ich wünschte, ein Vermittler würde mir bei Gott zu meinem Recht verhelfen und zwischen mir und meinen Freunden entscheiden“ (Hiob 16,21).

Hiob hatte einen solchen Vermittler, und wir haben ihn auch.

Jesus ist als Vermittler zwischen Gott und uns gekommen. Er hat das vollkommene Leben geführt, das wir nicht führen können. Er starb am Kreuz einen Opfertod für uns und bezahlte für uns, um uns von Sünde und Tod freizukaufen.

Die Wahrheit, die uns unser liebevoller Gott dadurch offenbart, lautet: Wir können Vergebung für unsere Sünden bekommen und unser Leben ganz neu beginnen. Jesus versöhnt uns mit Gott, sodass wir eine enge Beziehung zu ihm haben können. In der Bibel heißt es: Wenn wir unser Vertrauen auf das Werk setzen, das Jesus für uns vollendet hat, gestehen wir dadurch ein, dass wir Sünder sind. Wir gestehen ein, dass wir nicht perfekt sind, dass wir versagt haben. Wir glauben und vertrauen darauf, dass Gott *für uns* gelebt hat, gestorben und auferstanden ist.

> Sie können die Frage: „Wenn ein Mensch stirbt, kann er dann ins Leben zurückkehren?“, beantworten mit einem entschiedenen: „Ja, und das *werde auch ich* im Glauben tun.“

In der Bibel wird uns verheißen, dass mit diesem Glaubensschritt ein großer Transfer stattfindet, bei dem die Gerechtigkeit Jesu auf unser Konto überwiesen wird. Wir können wirklich unser Leben neu beginnen. Auf Christus zu vertrauen bedeutet nicht, dass alle unsere Probleme einfach verschwinden, aber es bedeutet, dass Christus uns festhält, wenn wir Probleme haben, dass er uns nah ist in unserem Leiden und eine Antwort hat auf unsere Frage: „Wenn ein Mensch stirbt, kann er dann ins Leben zurückkehren?" Die Antwort lautet: „Ja, und das werde auch ich im Glauben tun." Das ist heldenhaftes Vertrauen angesichts all dessen, was uns das Leben serviert. Und das bedeutet auch, die *Wer*-Frage in unserem Leben umfassend zu beantworten.

Was kommt nach dem *Wer?*

Nun haben wir uns also angesehen, worin der Kern unseres Vertrauens auf Gott besteht, wenn wir zerrissen sind. Wir haben festgestellt, wie wichtig es ist, Gott inmitten unserer Not anzubeten und all unseren Schmerz und unsere Fragen vor ihn zu bringen. Wir haben gesehen, dass es wichtig ist, unsere persönliche Situation anzunehmen und von dort aus noch einmal einen genaueren Blick auf unsere Erwartungen an Gott und auf unsere Enttäuschungen zu werfen. Hiob veranschaulicht viele dieser Grundsätze für uns und führt sie weiter aus, indem er uns daran erinnert, dass Gott nicht fertig ist mit uns, und indem er uns zwingt anzuerkennen, dass Gott unendlich viel größer ist als unsere Probleme. Gott regiert und wir leben in seiner Welt. Aber all unser Reden über Gottes Herrschaft und Kontrolle muss von seiner Liebe und seiner Güte gekennzeichnet sein. Wir haben also in diesem Kapitel angeschaut, wie wichtig Vertrauen ist, indem wir uns intensiver mit der Frage beschäftigt haben, warum wir Gott getrost vertrauen können. Wir vertrauen ihm als demjenigen, der herrscht, aber genauso entscheidend ist, dass wir ihm als demjenigen vertrauen, der gut ist und liebt.

In den folgenden Kapiteln wollen wir von den Fragen, *wem* wir vertrauen und warum wir ihm vertrauen, weitergehen zu der Frage, wie wir das, womit wir konfrontiert sind, bewältigen können und wie wir dann weitermachen sollen. Wir werden uns einige ganz praktische Wege ansehen, wie wir vorankommen und heil werden können, weil Gott ja nicht nur ein allmächtiger, sondern auch ein liebender Gott ist.

Im ersten praktischen Punkt geht es um das Leben in der Gemeinschaft. Tatsache ist, dass es keine simplen Antworten oder Patentrezepte gibt, wie wir mit unseren Kämpfen und unserem Schmerz fertig werden können, aber es gibt definitiv eine Antwort, wie wir es nicht machen sollen – nämlich allein. Wir haben ja bereits festgestellt, wie grundlegend wichtig es ist, Gott zu vertrauen, aber genauso entscheidend ist es auch, Vertrauen zu anderen Menschen zu haben. In Kapitel 5 wird es darum gehen, wie Gott uns auffordert und ermutigt, im Vertrauen auf ihn auch genügend Vertrauen zu anderen zu entwickeln, um unsere Herausforderungen gemeinsam zu bestehen.

Teil 2

Die Scherben wieder zusammensetzen

5

Lasten teilen

Wir leben in einer Welt, die ständig verändert, künstlicher gemacht, verfälscht, verschönert, gefärbt, verdreht, beschmutzt und bearbeitet wird. Die Grenzen zwischen dem, was echt und was unecht ist, sind so verschwommen, dass sie oft gar nicht mehr richtig zu erkennen ist.

Nehmen wir als Beispiel einmal etwas für das menschliche Dasein so Existenzielles wie den in Amerika allseits beliebten Sprühkäse. Dabei handelt es sich um eine käseähnliche Substanz, die in Sprühdosen abgefüllt wird. Sprüht man sie auf einen Cracker, erlebt man quasi eine Geschmacksexplosion. Das Etikett auf der Spraydose besagt: „Hergestellt mit Käse." Aber besteht Sprühkäse wirklich aus Käse oder handelt es sich um eine Fälschung?

Um diese knifflige Frage zu beantworten, braucht man einfach nur auf dem Etikett die Liste der Inhaltsstoffe anzuschauen. Der Sprühkäse besteht aus sage und schreibe siebzehn verschiedenen Zutaten. Von einigen davon hatte ich noch nie zuvor gehört, wie beispielsweise Annatto. Irgendwann im Laufe des Herstellungsprozesses hat der Sprühkäse aufgehört, Käse zu sein und ist zu einer synthetischen, chemisch entwickelten Substanz geworden, die allerdings bewirkt, dass mir das Wasser im Mund zusammenläuft. Und schließlich ist er ja auch „hergestellt mit Käse" – irgendwie.

Und dieser Sprühkäse ist nicht der einzige Blender. Investieren Sie zweihundert Dollar, und schon haben Sie einen

Bachelorabschluss, ohne jemals einen Hörsaal von innen gesehen zu haben. Sie wünschen sich eine gesunde Sonnenbräune? Dazu ist doch kein Sonnenbad mehr nötig. Sie möchten eine andere Augenfarbe? Mit farbigen Kontaktlinsen kein Problem. Die Fotos von Stars und Prominenten werden oft so gründlich digital bearbeitet, dass das Endprodukt kaum noch Ähnlichkeit mit dem Original hat.

Wir stehen unter einem enormen Druck, unecht zu sein. Schmerz und Schwäche bewirken, dass wir uns elend fühlen, und wir glauben dann oft, dass wir diesen Zustand mit einer gleichmütigen oder gar heiteren Fassade wettmachen müssen. Wir geben uns alle Mühe, den Anschein zu erwecken, bei uns sei alles in bester Ordnung. Wir kleben Pflaster auf unseren Schmerz. Wir begnügen uns mit einfachen Lösungen, und wenden eine Art Populärtheologie an, die besagt: „Versuch's doch mal mit Jesus – dann wird alles ganz leicht." Wir versuchen, das Chaos in unserem Leben und in unserer Gefühlswelt ein bisschen aufzuhübschen, indem wir einfach alles nicht so Schöne unter den Teppich kehren. Aber dadurch ist ja die Unordnung nicht weg – wir sehen sie nur nicht mehr.

> Wir stehen unter einem enormen Druck, unecht zu sein. Was wir brauchen, ist die ehrliche Gemeinschaft mit anderen.

Unsere Methode, den Schmerz einfach zu übertünchen, kann sogar dazu führen, so extreme Verhaltensweisen zu entwickeln, dass wir für uns selbst und andere wirklich zur Gefahr werden können. Vielleicht versuchen wir, unseren Schmerz mit Sex, Essen oder Alkohol zu betäuben, oder wir versuchen, ihn durch Leistung zu therapieren. Vielleicht versuchen wir auch, den Schmerz und seine Folgen durch beruflichen Erfolg, ein dickes Bankkonto oder gesellschaftlichen Status zu kompensieren und so die Menschen in unserem Umfeld mit unserem Erfolg von der verletzten Person hinter dieser Fassade abzulenken. Und dabei bräuchten wir eigentlich nichts dringender als ehrliche Gemeinschaft mit anderen.

Ich auch

Die Schriftstellerin Anne Lamott sagt: „Ich glaube, die Botschaft von Jesus an uns lautet: ‚Ich auch.'" Wenn wir uns abmühen, leiden, verletzt sind, humpeln, zweifeln, infrage stellen, es kaum noch schaffen, am Rande des Zusammenbruchs stehen, kann Jesus uns in die Augen sehen und ganz ehrlich sagen: „Ich auch. Das habe ich auch schon hinter mir." Das kann uns verändern und heilen. Und wir können uns das auch gegenseitig sagen: „Ich auch. Ich kenne das. Da haben wir etwas gemeinsam."

Mein Freund Tony ist Pastor. Er bemüht sich engagiert und intensiv, eine Gemeindekultur zu entwickeln, in der die Menschen nicht allein sind. Kürzlich passierte etwas ganz Besonderes, das dieses Prinzip gut veranschaulicht.

Die zwanzigjährige Nicole ist Mitglied der besagten Gemeinde. Sie hat Leukämie. Schon als Teenager erkrankte sie daran, die Krankheit ging damals zurück, aber jetzt ist sie wieder ausgebrochen. Nicole ist ein bildhübsches Mädchen. So hübsch, dass sie an der Wahl zur Miss California teilnehmen wollte – aber dann kam die Diagnose. Jetzt bekommt sie eine Chemotherapie und ihr fällt das Haar aus.

Bei einer Gemeindeversammlung, die vor Kurzem stattfand, bekam sie die Bestätigung, dass sie nicht allein ist. Die Gemeindemitglieder bastelten ein zwanzig Meter langes Banner für sie, auf dem alle unterschrieben hatten und ihr Glück wünschten. Dann kauften sie ihr einen Computer, damit sie während ihres Klinikaufenthaltes mit den Leuten aus der Gemeinde und mit Freunden in Kontakt bleiben konnte. Und schließlich gab es noch eine Spendensammlung, um Nicole bei der Bezahlung der Therapiekosten unter die Arme zu greifen. Und manche Leute aus der Gemeinde rasierten sich sogar den Kopf! Sie trennten sich von ihrem Haar – und zwar Männer wie Frauen –, um ihre Solidarität mit Nicole zu bekunden.

Wäre es nicht tragisch gewesen, wenn Nicole gar nichts von ihrer Krankheit erzählt und allein gelitten hätte? Was, wenn sie beschlossen hätte, alles mit sich allein auszumachen?

Wenn wir mit Jesus leben, dann sollen wir mit den Trauernden trauern und einer des anderen Last tragen. Wir sollen mit anderen mitleiden und den Trost, den wir selbst bekommen haben, an sie weitergeben (siehe Römer 12,15; Galater 6,2; 1. Korinther 12,26; 2. Korinther 1,4–7). Es sagt etwas aus und es geht eine Kraft davon aus, wenn die Gemeinde als Ganzes jemandem in seinem Schmerz und seinem Leiden beisteht.

Niemand sollte je allein leiden müssen. Gehen Sie mit Ihrem Schmerz und Ihrer Enttäuschung und Ihrem Frust zu Gott und ein paar engen Freunden und seien Sie dabei ganz ehrlich. Beschönigen Sie nichts und reden Sie nicht um den heißen Brei herum. Sagen Sie ganz offen, was los ist. Eine solche Ehrlichkeit ist deshalb so wichtig, weil sie zeigt, wo Sie stehen, und weil Sie durch Ehrlichkeit einen Weg finden, heil zu werden.

Wie wohl den meisten Menschen fällt es auch mir persönlich schwer, mit anderen über meine Zweifel und Ängste zu sprechen. Oft verdränge ich sie und konzentriere mich auf das Positive, allerdings oft zu meinem eigenen Schaden. Wenn ich mich jedoch engen Freunden anvertraue, bekomme ich dadurch oft neue Erkenntnisse und auch mehr Klarheit. Ich habe auch schon Gespräche mit einem Therapeuten geführt, der Christ ist, und habe gemerkt, wie sehr mir das weitergeholfen hat. Es ist unmöglich, das, was wir denken und erleben, auf gesunde Weise zu verarbeiten, wenn wir nicht offen und ehrlich sind.

In Jakobus 5,16 heißt es: „Bekennt einander eure Schuld und betet füreinander, damit ihr geheilt werdet.“ Wie können wir denn heil werden, indem wir einander unsere Sünden bekennen? Ist das nicht seltsam? Oder peinlich? Oder beschämend? Ja, das ist es, aber Gemeinschaften, die um Jesu Vergebung unserer Sünden und seine Heilung unserer Zerbrochenheit herum aufgebaut werden, sind Orte, an denen Menschen Hoffnung und Heilung erleben können. Es bewirkt Heilung, wenn wir einander unsere Sünden bekennen, denn es befreit uns dazu, ehrlich und echt zu sein. Wenn wir anderen etwas vormachen, führt das nur zu noch mehr Schmerz und gestörtem Verhalten.

Indem wir ehrlich zueinander sind – nicht nur in Bezug auf unsere Sünden, sondern auch auf die Bereiche, die uns Mühe machen, auf unsere Rückschläge und Depressionen –, können wir einander helfen, die Gnade Jesu zu erleben.

Wenn wir das tun, dann leben wir genau das, was Gott beabsichtigt hat, als er als Mensch auf diese Welt kam. In der Person Jesu erlebte er selbst die ganze menschliche Zerbrechlichkeit am eigenen Leib, bis hin zu den Todesqualen, die er durchlitt, als er die Sünde der Welt auf sich nahm. Er nahm all das auf sich, damit wir unsere Lasten nicht allein tragen müssen. Wenn wir als Christen also zeigen, dass wir es aushalten, wenn Menschen ehrlich sind, dann machen wir damit deutlich, dass Gott das auch kann – und es bewiesen hat. Und wir leben damit außerdem die Einheit untereinander, die Gott sich für uns wünscht.

> Wenn wir ehrlich zueinander sind, können wir einander helfen, die Gnade Jesu zu erleben.

One

Im Jahr 1976 machten sich fünf Teenager auf, etwas zu erreichen, was nur wenige schaffen: Sie wollten Rockstars werden.

Um Rockstar-Status zu erlangen, muss man aber erst einmal einen Namen für die Band haben. Wenn man vierzehn ist, ist das das Allerwichtigste – viel wichtiger noch als die Qualität der Musik und die Bühnenshow. Wenn man einen tollen Namen hat, dann hat man eine Chance.

Der erste Name, den sich die neue Band überlegte, war „Larry Mullen Band“ (ein Vorschlag des Mitbegründers und Schlagzeugers der Band), aber dieser Vorschlag wurde vom Sänger Paul Hewson schnell verworfen. Schließlich einigten sich die Bandmitglieder Paul, Dave, Dirk, Larry und Adam auf den Namen „Feedback". Im März 1977 änderten sie ihn jedoch in „Hype". Als ein Jahr später eines der fünf Bandmitglieder die Gruppe verließ, beschlossen die vier verbleibenden Musiker erneut, ihren Namen zu ändern. Der Name, für den sie sich diesmal entschieden, war wahrlich keine Erleuchtung mit lebensentscheidender Bedeutung, sondern es war einfach der Name von ihrer Ideenliste, den sie am wenigsten schrecklich fanden.

Der neue Name? U2. (Vielleicht fragen Sie sich, wer Paul Hewson ist. Er ist besser bekannt als Bono.)

In den vergangenen dreißig Jahren waren U2 so erfolgreich wie kaum eine Band je zuvor. Sowohl hinsichtlich der Kritiken als auch in Bezug auf Verkaufszahlen gehören U2 zu den erfolgreichsten Gruppen im Bereich der Popmusik überhaupt. Das ist auch an den Unmengen von Preisen und Auszeichnungen zu erkennen, die sie schon bekommen haben. U2 haben zwölf Alben produziert, die beeindruckende 150 Millionen Mal verkauft wurden. Sie haben zweiundzwanzig Grammys gewonnen – mehr als jede anderen Gruppe je zuvor, und im Jahr 2005 wurde die Gruppe in die Rock and Roll Hall of Fame aufgenommen. Und U2 und Bono nutzen die Bühne nicht nur für ihre Musik, sondern auch, um diese Welt zu verändern.

Doch der Aufstieg von U2 zu einem solchen Ruhm hätte um ein Haar gar nicht stattgefunden. Im Jahr 1990, also etwas über vierzehn Jahre nach der Gründung der Band, gingen die Musiker ins Studio, um an einem neuen Album zu arbeiten. Doch es lag Stunk in der Luft und irgendetwas, das die Band auseinanderdriften ließ und ihre Beziehungen untereinander störte. Die Bandmitglieder konnten sich nicht auf einen Sound für das neue Album einigen, und je länger sie im Studio arbeiteten, desto uneiniger wurden sie sich. Je mehr sie diskutierten, desto zerstrittener waren sie. Alle Bandmitglieder hatten den Eindruck, dass das Aus für U2 unausweichlich war.

Es wurde Dezember, und immer noch stritten die Musiker im Studio miteinander. Der Gitarrist Edge arbeitete gerade an ein paar Akkordfolgen, als etwas Erstaunliches passierte. Zwei dieser Akkordfolgen weckten die Aufmerksamkeit von Bono und dem Rest der Band, und innerhalb von fünfzehn Minuten entstanden eine Melodie und ein Text dazu. Das Resultat war das Lied „One".

Bono beschreibt die Bedeutung des Songs so: „In diesem Song geht es um das Miteinander der Menschen, aber nicht im Sinne des alten Hippie-Ideals nach dem Motto: ‚Lasst uns alle zusammenleben, wir sind doch alle gleich', sondern im Grunde genau das Gegenteil. Unsere Botschaft lautet: Wir sind zwar eins, aber wir sind nicht alle gleich. Das Lied sagt auch nicht aus, dass wir miteinander auskommen wollen, sondern dass wir es müssen, wenn diese Welt weiter bestehen soll."[1]

Viele halten „One" für den besten Song von U2. Die Zeitschrift *Rolling Stone* setzte ihn auf Platz 36 der fünfhundert besten Lieder aller Zeiten. Aber abgesehen von seinem Erfolg, ist der Song auch für die Band selbst der Song mit der größten Bedeutung. Aus diesem Grund spielt ihn die Band seit seinem Live-Debut 1992 auf jedem Konzert.

Wenn wir ehrlich miteinander werden, dann beginnt dieser Prozess, eins zu werden. Für Christen ist Einheit von entscheidender Bedeutung, und zwar nicht nur, weil Einheit viel mehr Spaß macht als Spaltung, und weil sie trösten und beruhigen kann, wenn wir zerbrochen sind, sondern auch, weil Jesus ganz konkret um Einheit gebetet hat. Schauen Sie sich einmal den folgenden Abschnitt aus einem seiner letzten Gebete an, bevor er verraten, gefangen genommen, gefoltert und gekreuzigt wurde:

Ich bete nicht nur für diese Jünger, sondern auch für alle, die durch ihr Wort an mich glauben werden. Ich bete für sie alle, dass sie eins sind, so wie du und ich eins sind, Vater – damit sie in uns eins sind, so wie du in mir bist und ich in dir bin und die Welt glaubt, dass du mich gesandt hast.

Ich habe ihnen die Herrlichkeit geschenkt, die du mir gegeben hast, damit sie eins sind, wie wir eins sind – ich in ihnen und du in mir, damit sie alle zur Einheit vollendet werden. Dann wird die Welt wissen, dass du mich gesandt hast, und wird begreifen, dass du sie liebst, wie du mich liebst.

(Johannes 17,20–23)

Ist es nicht erstaunlich, dass sich Jesus angesichts all der furchtbaren Qualen, die ihm bevorstehen, trotzdem die Zeit nimmt, so gewissenhaft und leidenschaftlich für uns zu beten? In Gedanken bereits bei den Qualen des Kreuzes, betet er dafür, dass Sie und ich Einigkeit miteinander erleben. Warum tut er das? Damit wir diese innige Einheit zwischen dem Vater und dem Sohn widerspiegeln. Damit wir für Menschen, die nicht an ihn glauben, ein unwiderstehliches Vorbild sind und ein lebendiges Bild der Liebe Gottes.

Wenn wir auf diese Art Einheit leben – wenn wir zusammenkommen, uns lieb haben und einander vergeben, wenn wir einander unsere Sünden bekennen und absolut ehrlich zueinander sind – dann tun wir damit etwas, das unserer Kultur völlig entgegengesetzt, gleichzeitig aber extrem anziehend ist. Die Menschen sehnen sich verzweifelt danach, gekannt und akzeptiert zu werden, auch wenn ihnen das selbst vielleicht gar nicht bewusst ist. Aber was bekommen sie oft zu sehen, wenn sie sich christliche Gemeinden einmal etwas genauer ansehen? Viel zu oft erleben sie ausgerechnet dort schlimmstenfalls Heuchler und bestenfalls Cliquenwirtschaft vom Feinsten. Und aus diesem Bild leiten sie dann ab, wie Gott ist. Natürlich ist dieses Bild falsch, aber unsere Einigkeit bzw. Uneinigkeit ist nicht selten der einzige Eindruck, den Außenstehende auf dem Umweg über uns überhaupt von Jesus bekommen. Wenn aber Außenstehende eine Gruppe von Menschen erleben, die Gott lieben und sich auch gegenseitig mit allen Fehlern und Macken annehmen und lieb haben können, dann erkennen sie darin vielleicht den Gott, der uns geliebt hat, „als wir noch Sünder waren“ (siehe Römer 5,8).

> Wenn wir Einigkeit praktizieren, tun wir etwas, das unserer Kultur völlig entgegengesetzt, gleichzeitig aber extrem anziehend ist.

In seinem Buch *Gemeinsames Leben* schreibt Dietrich Bonhoeffer:

„Darum braucht der Christ den Christen, der ihm Gottes Wort sagt, er braucht ihn immer wieder, wenn er ungewiss und verzagt wird; denn aus sich selbst kann er sich nicht helfen, ohne sich um die Wahrheit zu betrügen. Er braucht den Bruder als Träger und Verkündiger des göttlichen Heilswortes. Er braucht den Bruder allein um Jesu Christi willen. Der Christus im eigenen Herzen ist schwächer als der Christus im Worte des Bruders; jener ist ungewiss, dieser ist gewiss.

Damit ist zugleich das Ziel aller Gemeinschaft der Christen deutlich: Sie begegnen einander als Bringer der Heilsbotschaft."[2]

Was Bonhoeffer hier näher beleuchtet, ist unser Bedürfnis, einander „gute Nachricht" zu sein. Dieses Bedürfnis setzt natürlich voraus, dass wir Probleme haben, Sünden begehen und Mutlosigkeit erleben und deshalb um gute Nachrichten geradezu betteln. Aber wir gelangen erst dann zu einer solchen Einigkeit, wenn wir uns öffnen und ganz ehrlich über unsere Sünden, Kämpfe und Rückschläge sprechen.

Zudecken

Schon ganz am Anfang der Bibel, direkt nachdem Adam und Eva Gott ungehorsam geworden sind, indem sie die verbotene Frucht gegessen und dadurch Sünde und Tod Tür und Tor geöffnet haben, merken sie, dass sie nackt sind und sich deshalb ungeschützt fühlen. Und damit beginnt das erste Versteckspiel. Adam und Eva versuchen, sich vor Gott zu verstecken. Sie sind entblößt und wollen weder von Gott noch vom Partner so gesehen werden (siehe 1. Mose 3,7–11).

Das ist die perfekte Veranschaulichung der beängstigenden Herausforderung, Gott und den Menschen gegenüber ehrlich zu werden. Es ist, als ob wir uns vor ihren Augen ausziehen und dann nackt vor ihnen stehen würden. Es ist die intensivste Form der Verletzlichkeit, und sie geht auf diesen Augenblick kurz nach dem Sündenfall zurück.

Gott und anderen Menschen gegenüber ehrlich zu werden, ist so, als ob wir uns vor ihren Augen ausziehen und dann nackt vor ihnen stehen würden.

Wenn es darum geht, mit anderen über unseren Schmerz und über das in unserem Leben zu sprechen, was uns Mühe macht, haben wir meistens mindestens zwei Ängste. Erstens fürchten wir uns davor, entblößt dazustehen. Wir haben Angst, dass andere erfahren könnten, wie wir wirklich sind, dass sie von unseren inneren Kämpfen erfahren und von unseren Fehlern und nicht mehr nur die Fassade sehen, die wir normalerweise zeigen. Und zweitens haben wir Angst abgelehnt zu werden. Genau wie Adam und Eva glauben wir, dass wenn Gott uns in unserer ganzen Verletzlichkeit sehen würde, er dermaßen abgestoßen wäre, dass er sich von uns distanzieren, uns bestrafen oder uns meiden würde.

Also tun wir das, was auch Adam und Eva damals taten. Wir verstecken uns nicht nur, sondern versuchen außerdem, unsere Nacktheit zu bedecken. Adam und Eva benutzten dazu Feigenblätter, wir versuchen es, indem wir so tun, als würden wir gar nicht leiden, und wir machen ein fröhliches Gesicht, obwohl wir uns innerlich wie tot fühlen. Wir versuchen, unsere Fehler durch Rechtschaffenheit oder durch Lügen auszugleichen, um uns zu schützen.

Gott akzeptiert die Feigenblätterschurze nicht – Adams und Evas Versuch, sich zu bedecken, hat also nicht funktioniert –, aber Gott verstößt die beiden auch nicht. In der Bibel ist zu lesen, dass Gott ihnen Kleidung aus Tierfellen anzieht (siehe 1. Mose 3,21). Die Botschaft dahinter ist klar: Wir können zwar bedeckt werden, aber dafür muss etwas sterben. Die Tatsache, dass Gott für Tierfelle sorgt, um die Nacktheit der ersten Menschen zu bedecken, ist ein Bild dafür, dass er für das Opfer Jesu sorgt, um unsere Sünde zu bedecken.

Die Lektion ist schwierig, aber simpel: Wenn wir die Freude der Einigkeit, die Freude der Verbundenheit durch Beziehungen und die Freude an der Herrlichkeit Gottes erleben wollen, dann müssen wir das Risiko eingehen, Gott und anderen Menschen unser wahres Ich zu zeigen. Und wir müssen auch einander gnädig und großzügig bedecken mit der guten Nachricht von dem Opfer Jesu.

Das Schöne an alledem ist: Je zuverlässiger wir persönlich Gnade praktizieren, umso glaubwürdiger werden auch unsere Gemeinschaften in Bezug auf Ehrlichkeit.

Praktizierte Ehrlichkeit

Ein ehrlicher Umgang miteinander kann schon schwierig sein, aber es gibt kaum etwas Lohnenderes oder Heilsameres. Es bringt eine himmlische Entspannung mit sich, die Last unserer Sünden und schmerzlichen Erfahrungen abzulegen. Es befreit und sorgt dafür, dass wir Lasten teilen oder sie uns sogar ganz abgenommen werden. Warum, glauben Sie, heißt es, dass wir etwas „loswerden“ müssen?

Natürlich birgt eine solche Offenheit immer auch Risiken.

Es kann verheerend sein, dabei unsensiblen, unaufrichtigen oder schlichtweg gemeinen Christen in die Hände zu fallen. Oft zögern wir, anderen mitzuteilen, was in unserem Innern wirklich los ist, weil wir bereits schlechte Erfahrungen gemacht haben mit Klatsch und Tratsch, Gesetzlichkeit, falschen Vermutungen, einer grauenhaften Theologie, mit Doppelbödigkeit oder auch eisigem Schweigen. Aber trotzdem sagt Gott, dass wir einander kennen sollen. Er will, dass wir ein lebendiges Beispiel für die Art von Versöhnung sind, die auch zwischen ihm und uns besteht, und das geht nur, wenn wir echt und aufrichtig sind.

Es bringt eine himmlische Entspannung mit sich, die Last unserer Sünde und der schmerzlichen Erfahrungen abzulegen.

Vielleicht möchten Sie ja damit anfangen, indem Sie sich einen Christen suchen, mit dem Sie offen über Ihre Schwierigkeiten reden können. Das kann ein erfahrener Christ oder eine erfahrene Christin sein, zu dem/der Sie Vertrauen haben, ein Seelsorger oder eine Seelsorgerin oder auch ein Therapeut oder eine Therapeutin. Sich jemandem unter vier Augen anzuvertrauen, ist ein erster Schritt, und wenn Sie den geschafft haben, können Sie sich vielleicht später auch in einer Gruppe besser öffnen – sei es ein Gebetskreis, ein Hauskreis oder eine andere Kleingruppe.

Finden Sie heraus, welche Rolle die Gnade in den jeweiligen Gruppen spielt. Haben dort Christen Einfluss, denen man anmerkt, dass sich ihr Leben durch die gute Nachricht von Jesus verändert hat? Wird klar Stellung bezogen gegen jede Form von Sünde, aber die Sünder werden angenommen und nicht verurteilt? Spüren Sie dort Akzeptanz und ein Zugehörigkeitsgefühl? Sind die Menschen ehrlich miteinander? Geht man dort freundlich und liebevoll miteinander und auch mit Ihnen um? Fühlen Sie sich willkommen? Sie haben hoffentlich diese Art des von Gnade geprägten Umgangs in Ihrer eigenen Gemeinde – zumindest aber in bestimmten Gruppen – bereits gefunden.

Wenn in unserem Leben alles zusammenbricht, dann haben wir manchmal das Gefühl, wir wären die Einzigen, denen es so geht. Ich kenne auch selbst diese Unsicherheit und das Unbehagen, das durch dieses Gefühl ausgelöst wird. Aber wagen Sie es trotzdem!

Wenn Sie in Ihrer Gemeinde eine Gruppe oder Kleingruppe leiten oder sonst irgendwie ehrenamtlich tätig sind, dann versuchen Sie, dort für eine Atmosphäre zu sorgen, in der Ehrlichkeit möglich ist, weil sich die Teilnehmer sicher fühlen. Das heißt aber wahrscheinlich auch, dass Sie selbst den Anfang machen müssen. Wenn erst einmal jemand damit anfängt, dann sind die Angst und das Unbehagen, durch die Offenheit und Transparenz verhindert werden, meistens durchbrochen. Vermitteln Sie den anderen das Gefühl, dass sie mit ihren Problemen nicht allein sind. Wenn jemand den Anfang macht, dann merken die anderen in der Gruppe sofort, dass sie nicht allein sind. Und die Wahrscheinlichkeit, dass wir anderen gegenüber offen und aufrichtig sind, ist größer, wenn wir nicht das Gefühl haben, allein zu sein. Doch irgendjemand muss den Anfang machen.

Werden Sie es sein?

Gott ist treu. Er kommt Ihnen immer wieder mit der Gnade entgegen, die Sie brauchen, und mit der Heilung, nach der Sie sich so sehnen. Und wenn Sie erst einmal ehrlich zu ihm sein können und weder Ablehnung noch Verachtung oder Verurteilung bei ihm entdecken, dann wird Ihre Menschenfurcht sich langsam legen, und Sie werden genügend Vertrauen haben, auch anderen gegenüber offen zu sein. Sie werden zulassen können, dass die anderen sehen, wie zerbrochen Sie sind, und das ist bereits der erste Schritt auf dem Weg zur Heilung.

6

Vorstellungen überprüfen

Zu den Dingen, die uns am allermeisten daran hindern, Gott an unseren Schmerz heranzulassen, gehören unsere Vorstellungen darüber, was das Schwere in unserem Leben zu bedeuten hat. Bewusst oder unbewusst entwickeln wir bestimmte Vorstellungen davon, wie Gott ist und welchen Sinn das Leid hat. So glauben wir beispielsweise oft, dass das Schwere in unserem Leben die Folge von Fehlern ist, die wir gemacht haben. Wir fragen uns, ob Gott uns mit diesem Leid für etwas bestrafen will. Wir hören auf die Stimmen aus unserem Inneren und um uns her, die uns verurteilen oder gar verdammen. Und oft sind unsere Vorstellungen und die Vermutungen der anderen völlig daneben und richten unglaublichen Schaden an unserem Glauben und in unserem Leben an.

Ich denke da zum Beispiel an die junge Frau, die nach einem Gottesdienst auf mich zukam und aussah, als läge die Last der ganzen Welt auf ihren Schultern. Sie sagte: „Jud, ich bin mit einer Arbeitskollegin befreundet, die langsam erblindet, und andere Arbeitskollegen behaupten, das liegt an der Sünde in ihrem Leben. Sie sagen, dass sie blind wird, weil entweder ihre Eltern gesündigt und Fehler gemacht haben oder weil sie selbst gesündigt und Fehler gemacht hat. Kann das sein?“

Ich schlug daraufhin in der Bibel die Stelle auf, wo Jesus mit seinen Jüngern unterwegs ist und sie ihm genau diese

Frage stellen, nachdem sie einen Mann getroffen haben, der von Geburt an blind war:

„Meister", fragten die Jünger ihn, „warum wurde dieser Mann blind geboren? Ist es wegen seiner eigenen Sünden oder wegen der Sünden seiner Eltern?"

„Es lag nicht an seinen Sünden oder den Sünden seiner Eltern", antwortete Jesus. „Er wurde blind geboren, damit die Kraft Gottes an ihm sichtbar werde."

(Johannes 9,2–3)

Als ich wieder aufblickte, nachdem ich ihr die Stelle vorgelesen hatte, sah ich, dass sie weinte, aber gleichzeitig lächelte sie auch, und dann drückte sie mich ganz fest. Es dauerte ein Weilchen, bis ich kapierte, was los war, aber dann dämmerte es mir. „Es ist gar nicht Ihre Freundin, die erblindet, oder?"

„Nein", antwortete sie, „ich habe nur noch zwanzig Prozent Sehkraft, und die werden auch bald weg sein."

Ich sagte: „In der Bibel steht, dass das nichts mit einer bestimmten Sünde im Leben Ihrer Eltern oder in Ihrem Leben zu tun hat. Ich glaube, dass Sie Gott ganz und gar vertrauen können. Gott kann das Schwere, das Sie gerade durchmachen, einsetzen und sich dadurch verherrlichen."

Während sie sich noch die Tränen aus dem Gesicht wischte, strahlte sie übers ganze Gesicht. Wenn ich ihr jetzt in der Gemeinde begegne, sieht sie aus wie ein ganz anderer Mensch. Sie erinnert mich an die Worte Jesu: „… die Wahrheit wird euch frei machen" (Johannes 8,32).

Falsche Vorstellungen über Gott und das Leiden hatten sie sehr gequält, Vorstellungen, die leider weit verbreitet sind. Solche falschen Vorstellungen entspringen unseren schlimmsten Ängsten und schüren sie noch weiter, wenn wir leiden. Wir fragen uns: „Liegt es an einer konkreten Sünde, dass mir das hier passiert? Haben meine Eltern etwas falsch gemacht und ich muss deshalb jetzt den Rest meines Lebens dafür bezahlen? Ist mein Leiden ein Beweis dafür, dass Gott mir niemals vergeben wird?"

Ein weiterer wichtiger Aspekt, das *Wie* unseres Leidens zu verstehen, ist also dafür zu sorgen, dass wir richtige Vorstellungen über das haben, was wir gerade durchmachen.

Sich nicht unter Druck setzen lassen

Meine Freundin Janice hat Multiple Sklerose. Sie ist eine wunderbare, gottesfürchtige Frau mit einem tiefen Glauben, und ich kenne nur wenige Menschen, die eine solche geistliche Reife haben wie sie und ihr Mann. Sie sind einfach großartige Christen. Aber manche von ihren Freunden und Bekannten machen immer wieder Andeutungen, dass Janice von MS geheilt werden könnte, wenn sie nur mehr Glauben hätte.

Diese wohlstandsevangeliumsorientierte Art von indirekt-aggressiver geistlicher Erpressung verursacht massiven Schmerz und führt direkt in einen Kreislauf von Selbstablehnung und Frustration. In einem Augenblick der Schwäche denkt man vielleicht: Möglicherweise *habe ich ja* wirklich *nicht genug Glauben. Vielleicht muss ich das einfach durchstehen und mehr glauben* (was auch immer das heißen mag). Leidende Menschen, die unter dieser Art von Druck stehen, geben alles, aber wenn sich dann nichts ändert, werden der Druck und die Schuldgefühle irgendwann unerträglich, und zu ihrem körperlichen oder seelischen Schmerz kommt jetzt auch noch das geistliche Leiden hinzu. Es fällt ihnen schwer, Gott zu vertrauen, weil es den Anschein hat, dass das Ausmaß ihres Schmerzes in direktem Zusammenhang mit der Stärke ihres Glaubens steht. Das wiederum führt dann dazu, dass nicht Gott, sondern sie selbst die Kontrolle übernehmen. Menschen zu sagen, dass mehr Glauben automatisch mehr Heilung bedeutet, bewirkt genau das Gegenteil von dem, was erreicht werden soll. Es schafft Angst, Misstrauen und Zweifel.

In einem Augenblick der Schwäche denkt man vielleicht: *Möglicherweise habe ich ja* wirklich *nicht genug Glauben. Vielleicht muss ich das einfach durchstehen und mehr glauben* (was auch immer das heißen mag).

Im Falle meiner Freundin bin ich sicher, dass sie mehr Glauben hat als ich! Janices Glaube ist stark und gefestigt. Die Andeutung, sie müsse nur ein unbestimmtes Maß „mehr" an Glauben haben, um geheilt zu werden, ist nichts anderes als geistlicher Missbrauch. Christen, die anderen Menschen in Schmerz, Trauer und Schwierigkeiten beistehen wollen, muss ganz klar sein, dass wir nicht auf alles eine Antwort haben.

Ich zitiere oft die Bibelstelle Römer 8,28, wenn ich helfen will. Dort steht: „Und wir wissen, dass für die, die Gott lieben und nach seinem Willen zu ihm gehören, alles zum Guten führt." Das ist eine fantastische Wahrheit, die im Laufe der Zeit schon Millionen von Menschen durch Leid und Schwierigkeiten hindurchgetragen hat. Ich bin allerdings nicht immer sensibel genug gewesen, darauf zu achten, wie die Menschen diesen Vers hören. Es geht darin weder um das *Warum* des Leidens noch mildert es Schicksalsschläge ab; sondern es geht darum, was am Ende daraus wird. Manchmal verstehen Menschen den Vers so, dass das, was geschehen ist oder geschieht, gut ist, weil Gott daraus etwas Gutes machen will. Doch das ist falsch. Der Vers bedeutet, dass Gott auch in wirklich furchtbaren, schmerzlichen, schwierigen, fürchterlichen Situationen wirkt und etwas Gutes *daraus macht*. Das bedeutet nicht, dass die Situation deshalb weniger schlimm ist.

Als ich einmal einen Menschen verloren hatte, der mir sehr nahe stand, kamen etliche Leute zu mir, die sagten: „Da, wo sie jetzt ist, hat sie es besser.“ Natürlich hatten sie recht, und ich war auch dankbar für ihre Anteilnahme, aber manche von diesen Leuten schienen damit auch sagen zu wollen, dass ich mich jetzt freuen und einfach weitermachen solle, weil meine Freundin ja jetzt im Himmel sei. Ich freute mich auch, dass sie im Himmel ist, aber ich konnte nicht einfach so zur Tagesordnung übergehen. Ich musste erst eine Weile innehalten und trauern. C. S. Lewis hat einmal gesagt: „Wenn wir sagen, dass der Tod keine Rolle spielt, sagen wir damit auch, dass die Geburt keine Rolle spielt.“[1] Meine Freundin mag jetzt zwar an einem Ort sein, wo es ihr besser geht, aber all die Menschen, die sie lieb gehabt haben, leiden unter dem Verlust, und der Schmerz dieser Menschen ist sehr real. Die Geburt der besagten Freundin war wichtig, und ihr Tod ist es auch.

Wenn wir einen geliebten Menschen verloren haben, müssen wir dessen Tod betrauern als das, was er ist, nämlich ein Verlust, und auf den Himmel hoffen. Und genauso realistisch sollten wir auch in Bezug auf jeden anderen Verlust oder Schmerz sein.

Ursache und Wirkung

Man muss kein Wissenschaftler sein, um das Gesetz von Ursache und Wirkung zu verstehen. Man muss nur irgendwann im Leben einmal Kind gewesen sein (was wohl auf jeden Leser dieses Buches zutrifft). Kinder haben das Gesetz von Ursache und Wirkung so gut drauf, dass sie es zu einer wahren Kunst machen.

Wenn Sie Mutter bzw. Vater sind, verfügen Sie höchstwahrscheinlich über ein ganzes Arsenal von Fragen, die Sie Ihren Kindern heftigst entgegenschleudern, wenn Sie etwas deutlich machen wollen. Eine der häufigsten Fragen, die wir in solchen Augenblicken an unsere Kinder richten, lautet: „Warum hast du das getan?" (Oder: „Was hast du dir nur dabei gedacht?") Normalerweise lautet die Antwort: „Weil ______________________ (fügen Sie den entsprechenden Namen ein) mich *zuerst* ______________________ (fügen Sie die entsprechende Handlung ein) hat."

Ihr Sohn holt aus und schlägt seine Schwester. Sie fragen: „Warum hast du das getan?"

Er antwortet: „Sie hat angefangen."

Ihre Tochter kündigt ihrer besten Facebook-Freundin die Freundschaft auf. Sie fragen: „Warum hast du das getan?"

Sie antwortet: „Sie hat mir gesagt, dass sie nicht mehr mit mir befreundet sein will."

Ursache und Wirkung. Und nicht nur Kinder reagieren auf diese Weise.

Für so reif und erwachsen man sich selbst auch halten mag – irgendwie schleicht sich diese Geschichte mit Ursache und Wirkung auch im Erwachsenenalter immer wieder ein. Nehmen wir einmal an, jemand schneidet Sie im Straßenverkehr (Ursache). Was tun Sie (Wirkung)? Der Kellner im Restaurant verwechselt Ihre Bestellung, fragt Sie nicht, ob Sie noch etwas zu trinken haben möchten und ist unhöflich (Ursache). Wie viel Trinkgeld geben Sie ihm (Wirkung)? Ihr Mann macht ständig Überstunden und hilft nicht im Haushalt (Ursache). Was tun Sie (Wirkung)?

In seinem Dokumentarfilm *Super Size Me* aus dem Jahr 2004 versucht Morgan Spurlock, hinter Ursache und Wirkung von Fast Food zu kommen. Der Selbstversuch war denkbar simpel. Dreißig Tage lang aß Spurlock ausschließlich McDonald's-Speisen – zum Frühstück, zum Mittagessen und zum Abendessen. Wenn er bei seiner Bestellung gefragt wurde, ob er eine größere Portion oder ein Menü wolle, musste er ja sagen. Im Laufe des dreißig Tage dauernden Versuches nahm er im Durchschnitt unglaubliche fünftausend Kalorien pro Tag zu sich. Er nahm in dieser Zeit über zwölf Kilo zu und sein Body-Mass-Index stieg um dreizehn Prozent. Um das Gewicht, das er innerhalb von nur dreißig Tagen zugelegt hatte, wieder abzunehmen, brauchte er vierzehn Monate. Ein ganz simples Beispiel für Ursache und Wirkung. Man isst fünftausend Kalorien pro Tag und man nimmt zu.[2]

Oft übertragen wir dieses Prinzip auch auf Gott. Wir gehen davon aus, dass es ein Gesetz der ausgleichenden Gerechtigkeit gibt, dem zufolge es den Guten gut gehen muss, die Bösen es dagegen richtig schwer haben müssen. Menschen, die so mechanistisch denken, preisen Gottes Größe, sehen diese jedoch vor allem darin, dass er die Seinen von allem Leiden fernhält bzw. befreit. Das jedoch schafft für diejenigen, die noch nicht von ihrem Leiden oder ihrer Zerbrochenheit befreit worden sind, ein echtes Problem. Irgendwann denken sie: *Wenn Gott seine Kinder wirklich immer von Leid befreit, ich aber trotzdem leide, heißt das dann, dass ich kein Kind Gottes bin? Muss ich noch Buße tun für meine Sünde?*

Falsche Vorstellungen können uns dazu verleiten, unser Unglück als Strafe Gottes zu betrachten, was umso schmerzlicher wird, wenn wir Buße tun und umkehren, die „Strafe“ aber trotzdem nicht aufhört.

Solche falschen Vorstellungen meint auch Jesus, wenn er von einem Turm erzählt, der umstürzte und mehrere Menschen unter sich begrub. Jesus fragt: „Und was ist mit den achtzehn Männern, die starben, als der Turm von Siloah auf sie herabstürzte? Waren sie etwa die größten Sünder in Jerusalem? Nein. Ich sage euch noch einmal: Wenn ihr nicht Reue zeigt und auf eurem Weg umkehrt, werdet ihr genauso umkommen“ (Lukas 13,4–5). Damit stellt er klar, dass die Ursachen von Tragödien und Unglück nicht immer persönliche Sünden sind.

Die Sünde kam durch den Sündenfall in die Welt, und wir alle, Christen wie Nichtchristen, müssen mit den Folgen leben. Deshalb ist also ein großer Teil all des Schlimmen, was auf dieser Welt passiert, nicht Gottes Schuld, sondern unsere. Er hat weder den elektrischen Stuhl noch das

Maschinengewehr erfunden, noch hat er sich irgendwelche Foltermethoden ausgedacht. Das haben wir selbst getan. Momentan lässt er jedoch noch zu, dass der Satan sein Unwesen treibt und dass es Leid gibt.

Nachdem er verneint, dass die Menschen in Siloah aufgrund irgendwelcher konkreter Sünden gestorben sind, sagt Jesus, dass wir das Leid in diesem Licht sehen und bei Gott Zuflucht suchen sollen, weil das Gericht *auf jeden Fall* kommen wird. In der Bibel ist die Rede von einem Tag, an dem Gott die Welt richten wird, und von „Christus Jesus, der die Lebenden und die Toten richten wird“ (siehe Apostelgeschichte 17,31; 2. Timotheus 4,1). Gott wird kommen, um diejenigen zu richten, die seine Gnade nicht wollen. Seine Barmherzigkeit gegenüber den Sündern in seiner Schöpfung hört nie auf, und die größte Gnade hat er uns dadurch erwiesen, dass er uns seinen einzigen Sohn Jesus geschickt hat, um die Welt von der Sünde zu erlösen. Petrus sagt: „Es ist aber nicht so, dass der Herr seine versprochene Wiederkehr hinauszögert, wie manche meinen. Nein, er wartet, weil er Geduld mit uns hat. Denn er möchte nicht, dass auch nur ein Mensch verloren geht, sondern dass alle Buße tun und zu ihm umkehren“ (2. Petrus 3,9).

Wenn wir von der falschen und formelhaften Vorstellung ausgehen, dass Schmerz und Leid immer eine Strafe für konkrete Sünde sind, dann tun wir so, als wäre das Handeln Gottes so etwas wie Karma.

Wenn wir von der falschen und formelhaften Vorstellung ausgehen, dass Schmerz und Leid immer Strafe für eine konkrete Sünde sind, dann tun wir so, als wäre das Handeln Gottes so etwas wie Karma. Es stimmt zwar, dass wir ernten, was wir säen, und es ist auch richtig, dass wir mit den Konsequenzen unseres Handelns leben müssen. Aber die Vorstellung, dass alle Krankheiten und alles Schlimme und Traurige die Folge konkreter Sünden sind, sieht Gott nicht als liebenden Vater, der unser Leiden im Blick hat und uns darin tröstet, sondern als einen misshandelnden Vater, der unser Leiden verwaltet und mit nur mühsam beherrschtem Zorn über uns steht. Aber Gott spielt nicht „Wie du mir, so ich dir“ mit seinen Kindern, und in der Bibel steht ganz klar und eindeutig, dass Gott uns nicht strafen will (siehe 1. Thessalonicher 5,9).

Die Schuldfalle

Wenn wir leiden, müssen wir uns bewusst dafür entscheiden, im Glauben an das offenbarte Wort Gottes zu leben, statt nach den Vorstellungen und Annahmen anderer Menschen. Es mag ja sein, dass wir uns durch unser Handeln selbst in unsere Schwierigkeiten hineinmanövriert haben, und dann ist es durchaus möglich, dass Gott uns als seine Kinder maßregelt, weil er uns liebt, aber es stimmt nicht, dass Gott wegen einer bestimmten Sünde mit uns abrechnet.

> Viele Christen glauben, dass sie Bescheid wissen über Gottes Vergebung und Gnade, aber wenn sie dann in Schwierigkeiten geraten, fühlen sie sich trotzdem abgeurteilt.

Viele Christen glauben, dass sie Bescheid wissen über Gottes Vergebung und seine Gnade, aber wenn sie dann in

Schwierigkeiten geraten, fühlen sie sich trotzdem abgeurteilt. Sie glauben, dass Gottes Gnade sie gar nicht erreicht.

Ich habe selbst jahrelang in einem seltsamen Schwebezustand gelebt, in dem ich einerseits an die Gnade Gottes glaubte, gleichzeitig aber das Gefühl hatte, dass mir nicht vergeben sei. Was ich auch tat, ich wurde einfach das Gefühl nicht los, durch die Abhängigkeiten und Fehler in meiner Vergangenheit verdammt zu sein. Das trieb mich ins Hamsterrad der Leistung, wo ich mich immer mehr abmühte und immer schwerer dafür arbeitete, die Liebe Gottes zu verdienen. Und wenn ich versuchte, aus dem Hamsterrad auszusteigen, hatte ich sofort wieder Schuldgefühle, weil ich immer wieder versagte, so sehr ich mich auch anstrengte. Und meine Vergangenheit war immer gegenwärtig.

Für mich war es wichtig zu erkennen, dass meine Weigerung, Gottes Gnade anzunehmen, nichts anderes war als Stolz und Selbstmitleid. Ich hatte diese Weigerung immer als gerechtfertigt empfunden, mit dem Gefühl, dass ich Gottes Gnade wegen meiner Vergangenheit eigentlich gar nicht verdiente. Aber als mir klar wurde, dass meine Weigerung, Gottes Vergebung anzunehmen, in Wirklichkeit der Gipfel der Arroganz und des Stolzes war und dass sie Gott richtig zornig machen konnte, da wurde ich wachgerüttelt und es konnte sich etwas ändern.

Indem ich mich weigerte, Gottes Gnade anzunehmen, sagte ich damit nämlich im Grunde, dass mein Wort besser war als das Wort Gottes. Ich sagte damit, dass das Kreuz Jesu für mich nicht genügte, dass Gott für meine Sünden ein größeres Opfer hätte bringen müssen. Ich saß in meinen eigenen destruktiven Schuldgefühlen fest.

Es gibt einen Unterschied zwischen konstruktiven und destruktiven Schuldgefühlen. Konstruktive Schuldgefühle motivieren uns dazu, Beziehungen in Ordnung zu bringen, Dinge richtigzustellen und auf unsere Gesundheit zu achten. Sie legen das Hauptaugenmerk eher auf die anderen als auf uns selbst. Destruktive Schuldgefühle hingegen führen oft zu Selbsthass, weil wir uns durch sie selbst verurteilen und nicht glauben wollen, dass wir jemals annehmbar sein können.

Destruktive Schuld- und Schamgefühle sind unglaublich lähmend. Ich bin einmal einem Mann begegnet, der durch seinen Selbsthass dermaßen kaputt war, dass er völlig die Kontrolle verloren hatte. Er erzählte mir, er bete jeden Tag zu Gott, ihm etwas zu vergeben, was er vor zehn Jahren getan habe.

Ich sagte, er solle doch mal Psalm 51 lesen – das ist Davids Gebet um Vergebung seiner Sünden, nachdem er Ehebruch und einen Mord begangen und dann gelogen hat, um es zu vertuschen – und Gott dann um Vergebung bitten. Ich sagte: „Und wenn Sie das getan haben, dann bitten Sie Gott nie wieder um Vergebung für diese Sünde."

Er war schockiert und ging auf Abstand.

Aber ich wiederholte meine Aufforderung noch einmal: „Als Ihr Pastor sage ich Ihnen, bitten Sie Gott noch einmal um Vergebung für diese Sünde, aber dann nie wieder. Er hat Ihnen nämlich schon längst vergeben. Er hat diese Sünde schon längst vergessen, aber Sie kramen sie jeden Tag wieder hervor."

Ich sagte ihm, dass in der Bibel steht: „So fern der Osten vom Westen ist, hat er unsere Verfehlungen von uns entfernt“ (Psalm 103,12). Das Tolle daran ist, dass man zwar den nördlichsten und den südlichsten Punkt unserer Erde genau bestimmen kann, aber nicht den östlichsten oder den westlichsten. Gott hat unsere Sünden also so weit von uns entfernt, wie es nur möglich ist. Es stimmt, dass wir aufgefordert werden, unsere Sünden zu bekennen, und das sollten wir natürlich auch tun, aber lassen Sie uns aufhören, Gott immer wieder mit den alten Sünden zu kommen, die er uns schon längst vergeben hat.

Wenn wir innerlich zerbrochen sind, besteht die Wahrscheinlichkeit, dass wir auf unterschiedliche Weise immer wieder in Versuchung geraten, an Gottes Gnade zu zweifeln. Deshalb sollen wir mutig sein und es als Tatsache betrachten, dass die Erlösung ein Geschenk ist, das wir im Glauben annehmen sollen. Vergebung können wir uns weder verdienen noch können wir sie auf Grund irgendwelcher Fehler oder Schwierigkeiten verlieren.

In dieser chaotischen Welt leiden wir alle, aber das heißt nicht, dass wir keinen Zugang zu Gottes Gnade haben. Wie wäre es damit, unsere Vorstellungen einmal gründlich anhand der Bibel zu überprüfen? Wie wäre es damit, uns an der Zusage festzuhalten, dass „es für die, die zu Christus Jesus gehören, keine Verurteilung mehr gibt“ (siehe Römer 8,1)? Wie wäre es damit, genau jetzt die Entscheidung zu treffen, uns nicht nur in Bezug auf unsere Erwartungen, sondern auch in Bezug auf unsere Vorstellungen vom Wort Gottes leiten zu lassen und durch das Schwere in unserem

In dieser chaotischen Welt leiden wir alle, aber das heißt nicht, dass wir keinen Zugang zu Gottes Gnade haben.

Leben zu einer noch tieferen Abhängigkeit und Liebe zu Gott führen zu lassen?

7

Warten auf Gott

Ich kann nicht gut warten. Aber in der Regel ist es ja so, dass Gott uns dann, wenn wir selbst zerbrochen sind, gerade in Wartezeiten Wichtiges lehrt. Im Tal lernen wir mehr als auf dem Berggipfel und in wenigen schweren Stunden oft mehr als in vielen glücklichen und unbeschwerten Jahren. In den vorangegangenen Kapiteln haben wir uns damit beschäftigt, wie wir aus unserer Isolation herauskommen, wenn wir zerbrochen sind, indem wir das Leben mit anderen teilen und uns nicht in unserem Elend verkriechen, und wie wir Gottes Gnade erleben können, wenn wir irreführende und falsche Vorstellungen korrigieren. Im Folgenden wollen wir uns anschauen, was uns in den schweren Zeiten des Wartens auf Gott helfen kann.

Der berühmte amerikanische Bergsteiger Aron Ralston wurde einmal auf extreme Weise mit der Zerbrechlichkeit des Lebens und einer entsetzlichen Entscheidung konfrontiert. Ralston war Kletterer mit Leib und Seele, und als er sich im Jahr 2003 auf den Weg machte, den Blue John Canyon zu erkunden, war er bereits ein erfahrener Kletterer. Wenn man aber einmal die Liste der zehn dümmsten Dinge erstellen würde, die ein Bergsteiger tun kann, dann käme man zu dem Ergebnis, dass Ralston keins davon ausgelassen hat. Seine beiden größten Fehler bestanden wohl erstens darin, allein aufzubrechen, und zweitens niemandem zu sagen, wohin er ging. Beim Klettern wurde dann Ralstons rechte

Hand von einem 400 Kilo schweren Felsbrocken, der ins Rutschen gekommen war, eingeklemmt und an die Felswand gepresst. Die erste Dreiviertelstunde versuchte Ralston seine Hand frei zu bekommen, indem er erst mit Körperkraft und dann mit Hilfe seines Allzweckmessers und anderer Hilfsmittel aus seiner Ausrüstung versuchte, den Felsbrocken anzuheben und seine Hand herauszuziehen. Als das nicht gelang, war schnell klar, dass seine Lage ernst bis aussichtslos war. Im Laufe der darauffolgenden sechs Tage durchlebte Ralston jede nur denkbare Emotion. Er hoffte, dass er doch noch von einem Suchtrupp gefunden würde, er schrie um Hilfe in der Hoffnung, jemand könnte ihn hören, und er betete, dass Gott doch ein Wunder tun möge.

In der Regel lehrt Gott uns gerade in Wartezeiten Wichtiges.

Sein gesamtes Denken kreiste nur noch ums Überleben. Als sein Proviant erschöpft war, trank er seinen eigenen Urin, um zu überleben. Seine Videokamera benutzte er, um eine Nachricht für seine Familie aufzunehmen, für den Fall, dass er es nicht schaffen sollte. Während seiner schlaflosen Nächte und dem ständigen mentalen Kampf ums Überleben sah Aron schließlich nur eine einzige Chance zu überleben – den Ausweg, um den herumzukommen er bis zuletzt gehofft hatte. Wenn er mit dem Leben davonkommen wollte, musste er sich selbst den festgeklemmten Arm amputieren. Am sechsten Tag seines Martyriums traf er schließlich die unumgängliche Entscheidung zwischen seinem Arm und seinem Leben.

In Gedanken hatte sich Ralston schon viele Stunden mit der Frage beschäftigt, wie er es am besten anstellen sollte, sich selbst den Arm abzutrennen, und er hatte auch versucht, sich innerlich auf die entsetzlichen Schmerzen einzustellen, die eine solche Amputation mit sich bringen würde. Da er weder eine Säge noch ein scharfes Messer bei sich hatte, war Ralston klar, dass er sich selbst den Arm brechen und ihn dann abtrennen musste. In einem Interview bei dem großen amerikanischen Sender CNN beschreibt er sein Vorgehen dabei so: „Ich winkelte meinen Arm immer weiter ab, bis ich endlich dieses krachende, splitternde Geräusch hörte, wie von einer Spielzeugpistole – Peng. Das Echo des Geräusches hallte vielfach durch den Canyon wider. Ich wusste, dass ich meinen Knochen gebrochen hatte. Und, ja, es tat weh. Es tat sehr weh."[1]

Das klingt doch stark untertrieben, oder? Danach nahm Ralston jedenfalls ein stumpfes Messer, das er dabei hatte, und begann, sich ins eigene Fleisch zu schneiden. Schnitt um Schnitt trennte er sich langsam und unter extremen Schmerzen seinen Arm ab und befreite sich auf diese Weise von dem Felsbrocken, der ihn gefangen gehalten hatte. Doch Ralston wusste, dass dies erst der Anfang war, denn jetzt hatte er noch eine vierstündige Klettertour aus dem Canyon heraus vor sich. Er hoffte, dass er danach irgendwo auf eine Rettungsmannschaft stoßen würde. In dem CNN-Interview sagt Ralston: „Ich musste die Entscheidung treffen, einfach weiterzumachen, ohne zu wissen, wie es ausgehen würde. Es war an diesem Punkt wichtig, einfach zu handeln und die Angst zu überwinden." Ralstons erstaunliche Tapferkeit führte dann dazu, dass er schließlich gefunden wurde. Seine Geschichte wurde unter dem Titel *127 Hours* (127 Stunden) verfilmt.

Jahr für Jahr hört man wieder von Bergsteigern, Kletterern oder Bergwanderern, die in Schneestürme, Nebel oder andere Unwetter geraten oder sich verirren. Von dem Moment an, wo sie verunglücken, bis hin zu dem Augenblick, in dem sie von ihren Rettern gefunden werden, hängt ihr Überleben oft nicht in erster Linie von den Bemühungen der Suchtrupps und Rettungsmannschaften ab, sondern von ihren eigenen Anstrengungen. Wie geschickt sind sie darin, sich einen Unterschlupf zu bauen, ein Feuer zu machen, sich warm zu halten und essbare Pflanzen zu finden? Wie widerstandsfähig sind sie? Wie gut sind sie in der Lage, die Hoffnung aufrecht zu halten? Wenn man sich in einer solchen verzweifelten Lage befindet, ist das Entscheidende nicht, zu wissen, wie man gefunden wird, sondern zu wissen, wie man überleben kann, bis man gefunden wird.

Manchmal fühlt sich unser Weg im Glauben ganz ähnlich an. Wir stecken fest, wir warten und sehnen uns verzweifelt danach, gefunden zu werden. Das Schwierigste am Warten ist meistens die Einsamkeit, die sich dabei in unser Leben einschleicht. Und manchmal fühlt man sich dann auch von Gott verlassen.

Die „dunkle Nacht der Seele"

Haben Sie schon einmal etwas von der „dunklen Nacht der Seele" gehört? So bezeichnet man Phasen tief empfundener Einsamkeit und seelischer Trostlosigkeit. Es ist eine Art geistliche Depression, die sogar dazu führen kann, dass ein Mensch am Leben verzweifelt. Für viele Christen ist die

„dunkle Nacht der Seele“ eine gute Beschreibung der Phasen in ihrem Leben, in denen sie das Gefühl haben, dass Gott unglaublich fern ist und schweigt. Ich habe so etwas auch schon erlebt. Mehrere Jahre habe ich in einer solchen inneren Dunkelheit verbracht und mich gefragt, wo Gott eigentlich ist. Ich habe zwar weiter für ihn gearbeitet und ihm gedient, aber gespürt habe ich ihn nicht.

Der Ausdruck „dunkle Nacht der Seele“ stammt von dem spanischen christlichen Mystiker Johannes vom Kreuz, der im 16. Jahrhundert gelebt hat. Er wurde 1542 in Fontiveros geboren und trat als Erwachsener in einen Priesterorden ein. Nachdem seine Reformversuche innerhalb der katholischen Kirche gescheitert waren, wurde er von seinen Vorgesetzten gefangen genommen und eingesperrt. Bei Wasser und Brot saß er in einer kleinen Zelle, in der es, je nach Wetterlage, extrem kalt oder extrem heiß werden konnte. Fast ein Jahr lang vegetierte er dort vor sich hin.

Für viele Christen ist die „dunkle Nacht der Seele“ eine gute Beschreibung der Phasen in ihrem Leben, in denen sie das Gefühl haben, dass Gott unglaublich fern ist und schweigt.

Schließlich entkam er seinen Peinigern und fand Zuflucht bei einer Gruppe von Nonnen. In dieser Zeit schrieb er sein geistliches Werk *Die dunkle Nacht der Seele,* die zum Klassiker wurde. Das Buch (das eigentlich ein Gedicht ist) beschreibt sehr ausführlich, wie Gott unser Leiden dazu benutzen kann, uns näher zu sich zu ziehen. Es beginnt mit der Beschreibung der ersten Läuterung durch Leiden, der „dunklen Nacht der Sinne“. Später spricht Johannes vom Kreuz über den zweiten „Prozess der Läuterung“, den er „die dunkle Nacht des

Geistes" nennt. Den Schriften von Johannes vom Kreuz zufolge führt jede dieser dürren und verzweifelten Phasen auf unserem Glaubensweg zu einer noch vollkommeneren Gemeinschaft mit Gott.

Ich weiß, dass sich das alles anhört wie der merkwürdige Text eines Emo-Songs, aber Johannes vom Kreuz behandelt darin wirklich einige sehr tiefgreifende geistliche Fragen.

Der Autor erklärt, warum wir die dunkle Nacht der Sinne brauchen. Was uns als Christen antreibt, ist die Freude, die wir in geistlichen Aktivitäten finden – im Gebet, in der Meditation und im Gottesdienst. Aber es gibt an uns Menschen auch dann immer noch vieles, was unvollkommen ist. Deshalb brauchen wir das läuternde Handeln Gottes. Johannes vom Kreuz beschreibt jede der sieben „Grundsünden", mit denen wir behaftet sind: Stolz, Gier, Genusssucht, Zorn, Unersättlichkeit, Neid und Faulheit. Die Phasen dunkler Nacht, durch die wir gehen, können einen großen Teil der Macht dieser Sünden brechen.

Und woran erkennen wir, dass wir in einer solchen dunklen Nacht der Sinne stecken? Laut Johannes vom Kreuz haben wir dann keine Freude an allem, was mit Gott zu tun hat, und wir finden auch keinen Trost darin – obwohl das früher einmal so gewesen ist. Wir haben das Gefühl, Gott nicht mehr zu dienen und uns geistlich zurückzuentwickeln. Unsere Fähigkeit, über die Güte Gottes um uns her zu meditieren, verschwindet. Wo einst der Himmel die Herrlichkeit Gottes verkündet hat und bestimmte Düfte, Klänge oder Bilder uns in die Anbetung gebracht haben, sind unsere Sinne jetzt anscheinend von jeder geistlichen Verbindung abgeschnitten.

In solchen Zeiten fühlen sich viele Menschen von Gott verlassen. Sie werden müde und empfinden sich mehr und mehr als Versager. Johannes vom Kreuz fordert uns heraus, in solchen schweren Zeiten nicht aufzuhören auf Gott zu warten und Geduld zu haben. Gott führt uns auf einen neuen Weg und wird uns letztlich in Frieden und Ruhe bringen.

Außerdem erklärt Johannes vom Kreuz auch das Gute an der Nacht der Sinne. In unserem Leiden lernen wir uns nämlich selbst besser kennen. Uns wird bewusst, wie unwürdig wir im Vergleich zu Gott sind. Wir lernen, ihm respektvoller und höflicher zu begegnen. Im Großen und Ganzen bekommen wir durch unsere Schwierigkeiten mehr Freude daran, Gott zu verherrlichen und nicht uns selbst. Und sogar in diesem schmerzlichen Prozess erneuert Gott uns durch sein Licht. Wir sind uns dessen zwar vielleicht nicht bewusst, aber Gott schafft dadurch eine noch vollständigere Einheit zwischen ihm und uns.

Eine der härtesten, aber zugleich auch schönsten Tatsachen des geistlichen Lebens ist die, dass Gott seine Kinder demütig macht, um sie zu erhöhen. Er nimmt alles weg und ersetzt es durch sich selbst, damit wir die Fülle erleben. Wenn unsere einzige Hoffnung Gott selbst ist, können wir wieder erfahren, was es bedeutet, in der Freude am Herrn unsere Stärke zu finden. Und in diesem Prozess, in dem uns alles genommen wird, außer der Tatsache, dass wir gerettet sind, finden wir Freiheit.

In diesem Prozess, in dem uns alles genommen wird außer der Tatsache, dass wir gerettet sind, finden wir Freiheit.

Johannes vom Kreuz beschreibt die dunklen Zeiten anhand des Bildes von Holz und Feuer. Am Anfang trocknet das Feuer das Holz aus. Dabei wird das Holz immer dunkler, bis es schließlich schwarz ist. Die Flamme trocknet das Holz immer weiter aus, und schließlich entfacht sie eine große Flamme und gibt Wärme ab. Sie bringt ein Feuer hervor. Gott lässt in unserem Leben Dürre und Dunkelheit zu, damit wir ein großes Feuer und eine große Leidenschaft nur für Gott allein entwickeln.

Die Lebensgeschichte von Johannes vom Kreuz zeigt sehr deutlich, welche Prüfungen Gott ihm auferlegte. Er erlitt Verluste, Ablehnung, Gefangenschaft, Krankheit und Folter. Obwohl er selbst die dunkle Nacht nie ausdrücklich als „Depression" bezeichnet, können wir davon ausgehen, dass er ganz unten war.

Auf zwei Punkte möchte ich an dieser Stelle hinaus. Erstens: Johannes vom Kreuz ging davon aus, dass alle Christen ein gewisses Maß an Leid erleben. Er erinnert uns daran, dass Jesus nachzufolgen bedeutet, ihm unser ganzes Leben auszuliefern. Und Gott lässt Schmerz zu, großen Schmerz sogar, um sein Volk zu verändern. Gott hat Freude daran, sein Volk zu verwandeln und es von der Sünde zu befreien. Zweitens: Laut Johannes vom Kreuz ist diese Erfahrung ein Vorrecht und eine Möglichkeit, noch enger mit Jesus verbunden zu sein. Er betont, wie tief der Schmerz einer solchen inneren Finsternis ist, erinnert aber auch daran, wie herrlich es ist, mit Jesus vereint zu sein. Der Weg mag zwar schwer und leidvoll sein, aber es ist der Weg zu Gott.

Von Johannes vom Kreuz lernen wir, dass es uns nicht zu überraschen braucht, wenn Gott Leid in unserem Leben zulässt. Wir brauchen uns also nicht zu schämen, wenn wir irgendwann in unserem Leben als Christ dunkle und schwere Zeiten erleben. Vielleicht fühlen Sie sich gerade jetzt zerbrochen und wissen nicht einmal, warum. Vertrauen Sie darauf, dass Gott in Ihrem Leben wirkt, um wunderbare Dinge hervorzubringen – auch in den dürren Zeiten.

In Hoffnung warten

Seit Adam und Eva gibt es in jedem Familienurlaub einen gefürchteten Satz. Er kommt von den Kindern. (Okay, das kann ich zwar nicht beweisen, aber gehen Sie einfach einmal davon aus, dass es stimmt.) Es ist ein Satz, der Kilometer um Kilometer wieder fällt, ohne dass er eine zufriedenstellende Antwort erfährt. Egal, wie schnell Sie vorankommen, unerbittlich wird dieser Satz – es ist eine Frage – geäußert. Es ist eine Frage, die jedes Kind (ja, auch Sie) schon gestellt hat, und es ist eine Frage, die bis zum Weltuntergang weiter gestellt werden wird. Sie lautet: „Sind wir bald da?" Und ist diese Frage gestellt (im Auto oder im Flugzeug, auf dem Schiff oder im Zug), folgt sogleich die nächste, die Ihrem ohnehin strapazierten Hirn dann vielleicht den Rest gibt: „Wie lange dauert es noch?" Wenn diese beiden Fragen zum ersten Mal gestellt werden, antworten Sie noch freundlich und beruhigend. Vielleicht auch noch beim fünften Mal. Aber ab einer bestimmten magischen Zahl werden die Antworten kalt und sarkastisch.

Bei genauerem Hinsehen ist allerdings festzustellen, dass wir uns als Erwachsene gar nicht so anders verhalten. Vielleicht sind wir inzwischen ein wenig geduldiger geworden, wenn wir irgendwohin unterwegs sind, aber wenn wir innerlich zerbrochen sind und es uns richtig schlecht geht, fragen wir uns immer und immer wieder, wie lange wir das eigentlich noch aushalten sollen.

Ich bin immer wieder begeistert, wie das Buch der Psalmen die gesamte Bandbreite menschlicher Erfahrungen erfasst. Es gibt praktisch kein Gefühl und keine menschliche Schwäche, die nicht wenigstens in einem Psalm erwähnt wird. Besonders die Psalmen von David sind Aufschreie der Sehnsucht, des Schmerzes, der Qual – auch der Qual des Wartens – zu Gott. David war ein Mann, der immer wieder von seiner Vergangenheit heimgesucht wurde und in seiner Gegenwart oft bis zum Hals in Schwierigkeiten steckte. Oft schrie er zu Gott und fragte: „Wie lange noch?"

„Wie lange muss ich diesen Schmerz noch aushalten?"

„Wie lange muss ich noch mit dieser Ungewissheit leben?"

„Wie lange werden mir andere noch das Leben schwer machen?"

„Wie lange wird mich diese Verletzung noch quälen?"

Vielleicht haben Sie Gott schon die gleichen Fragen gestellt. Manchmal glauben wir, unser Schmerz wäre ja noch einigermaßen erträglich, wenn er nur nicht so lange anhalten würde. Oder wir haben gerade ein Problem bewältigt und schon haben wir das nächste vor uns. Ein Tiefschlag folgt auf den anderen, und wir beten verzweifelt und völlig erschöpft: „Gott, wie lange soll das noch so weitergehen?"

Sehen wir uns einmal die ersten paar Zeilen aus Davids Psalm 69 an:

Rette mich, Gott,
denn das Wasser steht mir bis zum Hals.
Immer tiefer versinke ich im Schlamm,
meine Füße finden keinen Halt.
Ich stehe im tiefen Wasser,
und die Flut überwältigt mich.
Ich bin müde vom Schreien,
meine Kehle ist rau und wund.
Meine Augen sind müde und matt
vom Warten auf dich, mein Gott.
(Psalm 69,2–4)

David fühlt sich so überfordert, dass er das Gefühl hat, zu ertrinken. Und er kann nicht einmal mehr um Hilfe rufen – dazu ist er zu müde und seine Kehle ist rau und wund. Er ist erschöpft vom langen Warten.

Doch trotz alledem ist er immer noch in der Lage zu sagen: „… denn deine Gnade tröstet mich“ (Vers 17). Wie ist das möglich? Wie kann er im einen Moment noch das Gefühl haben zu ertrinken und schon im nächsten Gott verkünden, dass die Meere mit allem, was darin ist, ihn preisen? (Verse 15–16; 34).

Zeiten, die wir vielleicht als Dürrezeiten des Wartens empfinden, sind oft Gottes Art, uns auf etwas vorzubereiten.

Die Antwort darauf ist Davids Hoffnung. Er ist vielleicht gerade dabei zu ertrinken, aber er weiß, wer über das Meer herrscht. Die Zeit, in der er mit seinen unerfüllten Hoffnungen und Erwartungen leben muss, kommt ihm vielleicht unendlich lang vor, aber er kennt den Gott, der über der Zeit steht.

Wenn uns das klar ist, wird es umso wichtiger, Gottes Handeln nicht nur daran festzumachen, was wir erleben oder empfinden. Seine Wege sind nicht unsere Wege. Zeiten, die wir als Dürrezeiten des Wartens empfinden, sind oft Gottes Art, uns auf etwas vorzubereiten. Andrew Murray, ein Pastor und Schriftsteller aus Südafrika aus dem 19. Jahrhundert, schreibt:

Wir sollten uns klarmachen, dass es nichts gibt, was so sicher ist wie die Tatsache, dass das Warten auf Gott uns unaussprechlichen und unerwarteten Segen bringt. Wir sind es so sehr gewohnt, Gott und sein Wirken in uns danach zu beurteilen, was wir fühlen, dass wir wahrscheinlich Mutlosigkeit verspüren, wenn wir das Warten auf sein Handeln einüben, weil wir darin keinen Segen erkennen können. Es gilt aber folgende Botschaft an uns: „Wenn du auf Gott wartest, tue es vor allem im Geist reicher Hoffnung. Du wartest auf Gott in Seiner Herrlichkeit, Seiner Macht, Seiner Liebe, die sich danach sehnt, dich zu segnen." Wenn du sagst, dass du Angst hast, dich durch vergebliche Hoffnung selbst zu betrügen, weil du im Augenblick keine Berechtigung für solche besonderen Erwartungen erkennen oder fühlen kannst, dann sage ich dazu: Es ist Gott, der dich berechtigt, Großes zu erwarten.[2]

Erinnerungen

Was sollen wir tun, wenn wir auf Gott warten und dabei eine dunkle Zeit oder sogar die „dunkle Nacht unserer Seele“ durchleben? Etwas ganz Wichtiges, was wir dann tun können, ist, uns zu *erinnern*. Wenn ich schwere Zeiten durchlebe, dann vergesse ich oft, wie viel Segen ich schon erfahren habe. Ich konzentriere mich dann so sehr auf die Herausforderungen, vor denen ich stehe, dass ich völlig vergesse, was Gott alles für mich getan hat, als es mir gut ging und das Leben voller Sonnenschein war.

In der Bibel lesen wir, wie Gott das Volk Israel immer und immer wieder auffordert, sich an all das Gute zu erinnern, das er für es getan hat. Die Israeliten sollen sich daran erinnern, wie Gott sie aus Ägypten herausgeführt hat und wie er die Ägypter besiegt hat, die sein Volk Israel versklaven wollten. Sie sollen sich daran erinnern, wie gütig und großzügig Gott in der Wüste zu ihnen gewesen ist, wie er für ihr Überleben gesorgt hat, für ihren Sieg über die Ägypter und für Gerechtigkeit; für die Möglichkeit zur Anbetung und eine enge, innige Beziehung mit ihm und auch untereinander. Und sie sollen sich an den Bund erinnern, den Gott durch Abraham mit ihnen geschlossen hat. Gott ermahnt sein Volk, sich an all diese Dinge gut zu erinnern, damit es in Zeiten der Angst, Unsicherheit und Zweifel diese Erinnerungen als Beweise seiner Treue heranziehen kann.

Ohne Erinnerungen ist menschliches Leben, so wie wir es kennen, nicht möglich. Nur indem wir uns erinnern, gewinnt unser Leben an Substanz. Ich habe einmal von einem Mann gehört, der seit einem im Zweiten Weltkrieg erlittenen

Trauma nur noch eine Gedächtnisspanne von fünf Minuten hat. Er muss seitdem ständig die Realität neu entdecken. Jedes Gesicht, dem er begegnet, ist für ihn ein neues Gesicht, auch jedes Gesicht der Menschen, die sich täglich um ihn kümmern. Jede Erfahrung ist eine neue Erfahrung. Kann es etwas Schlimmeres geben, als von den eigenen Erfahrungen abgeschnitten zu sein, nichts bewahren zu können, auf nichts aufbauen und zu niemandem eine Beziehung pflegen zu können? Unsere Erinnerungen sind das Band, von dem unser Leben zusammengehalten wird.

Sie können ganz sicher sein, dass Gott unser Gehirn so wunderbar erschaffen hat, dass es alle Erinnerungen aus unserem Leben speichern kann. Es ist völlig unmöglich, dass der Speicherplatz unseres Gehirns für neue Informationen irgendwann voll ist. Der Psychologieprofessor Paul Reber von der Northwestern University wurde einmal gefragt: „Wie groß ist die Speicherkapazität des menschlichen Gehirns? Ist die Masse an Informationen, die es speichern kann, begrenzt?“

Reber antwortete darauf:

Das menschliche Gehirn besteht aus etwa einer Milliarde Neuronen. … Neuronen verbinden sich …, und steigern die Speicherkapazität des Gehirns exponentiell auf etwa 2,5 Petabytes. … Würde Ihr Gehirn arbeiten wie ein Digitalvideorecorder, würden 2,5 Petabytes ausreichen, um Filmmaterial von drei Millionen Stunden zu speichern.[3]

Die Leistungsfähigkeit unseres Gehirns ist unglaublich (deshalb frage ich mich auch, wieso ich ständig vergesse, wo ich meine Autoschlüssel hingelegt habe!)

Wir sind aufgefordert, dieses erstaunliche geistige Potenzial auch dazu zu nutzen, uns daran zu erinnern, dass Gott uns nie im Stich gelassen hat und es auch künftig nicht tun wird (siehe 5. Mose 31,6; Josua 1,5; Hebräer 13,5). Die Vergangenheit ist der greifbare Ausdruck von Gottes unveränderlicher Liebe zu uns, an der wir uns festhalten sollen. Wir können immer zurückblicken und uns daran erinnern, wie Gott uns aus unserer persönlichen Gefangenschaft heraus- und in seine Ruhe hineingeführt hat. Wir können uns daran erinnern, wie Gott unsere Gebete erhört hat, und darin die Bestätigung finden, dass die unsichtbare Realität, auf die wir unsere Hoffnung und unser Vertrauen setzen, in unserem Leben erkennbar wird.

Der vorsitzende Richter des Obersten Gerichtshofs, Earl Warren, wurde einmal von einem Journalisten gefragt, ob es wahr sei, dass er immer zuerst den Sportteil seiner Zeitung lese. Warren antwortete: „Auf den Sportseiten wird über Siege und Triumphe von Menschen berichtet, während die Titelseite offenbar ihren Niederlagen vorbehalten ist. Ich lese lieber etwas über die Erfolge von Menschen als von ihren Misserfolgen."[4]

> Wir sind aufgefordert, uns daran zu erinnern, dass Gott uns in der Vergangenheit nie im Stich gelassen hat und es auch künftig nie tun wird.

Denken Sie einmal zurück an eine Gelegenheit, als Gott Ihnen seine Treue bewiesen hat, als Sie sich ihm nah fühlten und Sie voller Liebe für ihn waren. Erinnern Sie sich daran, wie er Sie so sehr gesegnet hat, dass Sie es kaum fassen konnten. Denken Sie an seine Treue in Zeiten voller Schmerz und Trauer. Tatsache ist, dass Gott Ihnen immer nah ist, dass er Sie immer segnet, dass Gott Ihnen noch nie untreu war. Hören Sie also auf, sich auf die Titelseite Ihres Lebens zu konzentrieren, sondern beschäftigen Sie sich lieber intensiv mit dem Sportteil und denken Sie an all die Siege.

Wenn wir finstere Zeiten durchleben, ist es besonders wichtig, uns an das Licht Gottes zu erinnern, das unser Leben in der Vergangenheit hell gemacht hat. Und wir sollten uns nicht nur daran erinnern, wie Gott in der Vergangenheit mit unserem Schmerz umgegangen ist, sondern auch daran denken, dass er mit in unserem Schmerz ist, dass Gott selbst unseren Schmerz am Kreuz erlebt hat.

Das Kreuz nicht vergessen

Menschen glauben oft, dass Gott vor allem in den großen, offensichtlichen, spektakulären Dingen des Lebens gegenwärtig ist: in der Schönheit der Natur, in beeindruckender Kirchenarchitektur oder in prachtvollen Denkmälern des Glaubens. Doch das Neue Testament sagt etwas praktisch Unbegreifliches, völlig Unerwartetes und durchweg Schockierendes. Wenn Sie Gott suchen, dann werden Sie ihn blutend und zerschlagen an einem Kreuz hängend finden. Sie werden Gott in einem gefolterten, sterbenden Mann sehen, der sich fragt, wo sein Vater ist. Theologen nennen diese Ironie den Skandal des Kreuzes. Wenn Sie Gott suchen, werden Sie ihn tot finden – nur um drei Tage später festzustellen, dass er wieder lebt. Er hängt dort zwischen zwei anderen Menschen, die hingerichtet worden sind, leidet mit ihnen und singt nicht wie in Monty Pythons Satire *Das Leben des*

Brian: „Always look at the bright side of life“, sondern schreit in seinem Schmerz und seinem Sieg laut auf: „Es ist vollbracht!“

Da ist Gott, und das tut Gott.

Das Kreuz kann uns in unserer dunkelsten Stunde Hoffnung geben. In Psalm 22 schreit David aus tiefster Seele: „Mein Gott, mein Gott, warum hast du mich verlassen? Warum bleibst du fern von meiner Rettung, von den Worten meiner Klage?“ (Vers 2; Schlachter). Dieser Psalm gibt die Tiefe seiner Qual wieder, aber genauso auch die Wiederkehr seiner Hoffnung. Erlösung von seiner Qual erfährt er, indem er sich an die guten Taten Gottes *erinnert*: „Daran werden gedenken und zum Herrn umkehren alle Enden der Erde, und vor dir werden anbeten alle Geschlechter der Heiden. Denn das Königreich gehört dem Herrn, und er ist Herrscher über die Nationen“ (Verse 28–29; Schlachter).

David war nicht allein mit dem Gefühl, von Gott verlassen zu sein. Jesus Christus, Mensch gewordener Gott, wiederholt genau Davids Worte, als er sagt: „Mein Gott, mein Gott, warum hast du mich verlassen?“ (Matthäus 27,46). Am Kreuz identifiziert sich Jesus mit dem menschlichen Leiden nicht nur, indem er die Sünden der Welt auf sich nimmt, sondern auch, indem er mit denen leidet, die Schuld auf sich geladen haben. Der verherrlichte Sohn demütigt sich selbst und wird Mensch, um so zu werden wie die Schmerzgeplagten, die Verbitterten und die Zerbrochenen. Indem er Psalm 22 zitiert, stößt er genau den Schrei gen Himmel aus, den vor und nach ihm Millionen von Menschen ausgestoßen haben. Aber er bringt auch sein Vertrauen in den Einen zum Ausdruck, der ihn aus seiner Qual retten kann: Gott, der in der Vergangenheit gerettet hat und auch jetzt noch retten kann (auch wenn alles eher nach Verzweiflung aussieht). Das Spannungsfeld zwischen diesen beiden – Verzweiflung und Vertrauen – ist das Spannungsfeld des Glaubens, und der Glaube von Jesus war vollkommen.

> Der verherrlichte Sohn demütigt sich selbst und wird Mensch, um so zu werden wie die Schmerzgeplagten, die Verbitterten und die Zerbrochenen.

In Augenblicken, in denen wir Kummer und Schmerz erleben, in unseren Versuchungen und Prüfungen, können wir ganz besonderen, übernatürlichen Trost finden durch die historische Tatsache, dass Gott in der Person Jesu in der ganz normalen natürlichen Welt gelebt hat. Er hat Versuchung erlebt und gelitten genau wie wir, und er ist an unserer Stelle für unsere Sünden gestorben. Laut dem Propheten Jesaja werden wir durch seine Wunden geheilt (siehe Jesaja 53,5).

Trost

Während wir warten, können wir neue Hoffnung aus unseren Erinnerungen daran schöpfen, was Gott alles getan hat. Und wir können währenddessen an unterschiedlichen Stellen Trost finden.

In der Gemeinschaft. Wie wir ja bereits festgestellt haben, gibt es kaum etwas, das so sehr isoliert wie Schmerz. Selbst wenn wir von Menschen umgeben sind, die sich kümmern, führt Schmerz dazu, dass wir uns immer mehr in uns selbst zurückziehen und nur noch um uns selbst kreisen. Deshalb kann unser Leiden dazu führen, dass wir uns allein fühlen, obwohl wir es gar nicht sind. Es fällt uns vielleicht schwer, Gottes Nähe und die Nähe anderer Menschen zu erleben, und vielleicht stoßen wir sogar diejenigen zurück, die uns helfen wollen. Aber Gott hat uns zur Beziehung miteinander geschaffen, und er will, dass wir unsere Lasten miteinander teilen. Gemeinschaft schafft ein Zusammengehörigkeitsgefühl in Situationen, in denen anscheinend alles auseinanderbricht.

In der Abgeschiedenheit. So wichtig Gemeinschaft sein mag, kann auch das Alleinsein in Zeiten des Kummers und der Probleme eine Chance sein weiterzukommen. Zeit ganz für uns allein kann sehr wichtig sein, wenn schwierige Erfahrungen verarbeitet werden müssen, und es ist gut, wenn wir erkennen können, wann Gemeinschaft angesagt ist und wann wir besser für uns allein sind. Bitten Sie Gott darum, dass Sie unterscheiden können zwischen dem Verarbeiten schmerzlicher Erfahrungen allein mit Gott und unnötiger Selbstquälerei durch überflüssiges Herumwühlen in Schmerz und Problemen. Um es noch einmal klarzustellen: Allein zu sein und immer weiter in die Verzweiflung getrieben zu werden, ist nichts Gutes, aber manchmal ist es ganz wichtig, auf dem Glaubensweg allein zu sein, einfach zu *fühlen* und dann mit Gott über das Gefühlte zu reden.

Indem wir uns ausdrücken. Jeder muss seinem Schmerz irgendwie Ausdruck verleihen. Das kann zum Beispiel geschehen, indem wir unsere Trauer in Worte fassen, sehr intensiv und emotional beten, oder indem wir andere Ausdrucksformen finden für das, was unsere Seele bewegt. Eine solche Ausdrucksform kann beispielsweise das Tagebuchschreiben sein. Das reinigende und befreiende Ausdrücken dessen, was in einem vorgeht, kann eigentlich in fast jeder Form geschehen, vom Malen eines Bildes bis hin zum Rückzug aufs eigene Zimmer, um dort Musik zu hören oder laut zu singen. Was auch immer einem dabei hilft, den eigenen Schmerz auszudrücken, bringt einen ein Stück weiter auf dem Weg der Bewältigung. Ich persönlich schließe dann gern meine E-Gitarre an den Verstärker an, drehe auf volle Lautstärke und spiele so, dass auch meine Nachbarn etwas davon haben!

Im Gedenken. Für viele Menschen ist es wichtig, regelmäßig der Menschen zu gedenken, die von ihnen gegangen sind. In der jüdischen Tradition gibt es einen guten Brauch. Am ersten Todestag eines Elternteils oder eines anderen Familienmitglieds wird ein Kind angeleitet, eine kleine Gedenkfeier für den Toten abzuhalten und Gebete zu sprechen. Oft werden am Todestag eines Menschen von Angehörigen frische Blumen auf das Grab gelegt (in Ostasien werden die Gräber dann gefegt) oder man tut sonst etwas, das bei der Trauerarbeit über den Verlust hilft.

In der Bibel. Worte aus der Bibel können die Probleme eines Menschen, der mitten in seinem Leid steckt, vielleicht nicht sofort lösen, aber sie können ihm sehr weiterhelfen. In der Bibel kann man nämlich nachlesen, was Gott zu den Menschen sagt, die zu ihm gehören, was er für sie tut und mit welcher Hingabe er sich dafür einsetzt, seinen Kindern Gutes zu tun. Die Bibel ist voll von ungeschönten, ehrlichen Gedanken und Gefühlen vieler Menschen, die sehr gelitten, aber weiter auf Gott vertraut haben. Wenn Sie sich in den Stürmen Ihres Lebens verzweifelt nach der beruhigenden

Stimme Gottes sehnen, gibt es dafür keine bessere Quelle als die Bibel, in der Gottes Reden offenbart wird.

Kein Grund zum Schämen

In dem Film *Auf Messers Schneide – Rivalen am Abgrund* verirrt sich Anthony Hopkins in den tiefen Wäldern Alaskas und wird dort nicht nur von einem Grizzlybären, sondern auch von Alec Baldwin verfolgt. Können Sie sich vorstellen, wie es ist, den Atem eines riesigen behaarten Raubtieres im Nacken zu spüren? An einer Stelle in dem Film, kurz bevor der Bär sie aufstöbert, sagt die Figur Hopkins', der ein Bücherwurm und Fan von Fernsehquizshows ist, zu seinem Kameraden: „Ich habe einmal in einem interessanten Buch gelesen, dass die meisten Menschen, die sich in der Wildnis verirren, … vor Scham sterben."[5]

Wenn unsere persönliche Welt erschüttert wird, dann fühlen wir uns unendlich verloren. Wir warten nur darauf, dass Gott anfängt, uns zu heilen. Wir fühlen uns wie ein Kind, das sich im Wald verirrt hat. Es ist dunkel und gefährlich. Die Bäume stehen dicht an dicht, die Umgebung ist uns fremd und wirkt bedrohlich, und wir fühlen uns allein, ausgeliefert und vielleicht auch völlig verlassen.

Die meisten Menschen, die in den Wäldern ums Leben kommen, sterben an Scham. Sie kauern sich in irgendeine Kuhle und verzweifeln einfach.

Das heißt aber noch lange nicht, dass Sie es genauso machen müssen, wenn Sie sich im Wald verirrt haben. Wenn Sie auf Gott warten – und warten und immer weiter warten –, brauchen Sie nicht zu verzweifeln. In Psalm 25,3 schreibt David: „Auch werden alle, die auf dich harren, nicht beschämt werden“ (Elberfelder). Sie wissen zwar vielleicht nicht, warum Ihnen das hier zugestoßen ist, aber es ist kein Grund sich zu schämen, wenn man auf das Eingreifen Gottes wartet. Ja, indem wir bei Gott in der Wildnis bleiben, werden wir von ihm als die Seinen gekennzeichnet. Und alle, die von Gott berufen und von seiner Gnade bedeckt sind, brauchen sich nicht zu schämen.

> Sie wissen zwar vielleicht nicht, weshalb Ihnen das hier zugestoßen ist, aber es ist kein Grund, sich zu schämen, wenn man auf das Eingreifen Gottes wartet.

Denken Sie nur an all die Menschen in der Bibel, die lange auf Befreiung gewartet haben. Einer von ihnen war Josef, ein weiterer Mose, ein dritter war Paulus – und es gibt noch viele mehr. Und ein ganz großartiges Beispiel für so ein Warten ist auch das gesamte Volk Israel! Sie alle wurden nach Gottes Zeitplan und auf seine Weise für ihr Warten belohnt. Sie bekamen als Lohn zwar vielleicht nicht genau das, was sie sich vorgestellt hatten, zumindest aber das, wonach sie sich wirklich sehnten und was gut für sie war. Und in Christus war ihre Hoffnung nichts zum Schämen, sondern sie war berechtigt.

Schämen Sie sich nicht dafür, wenn Sie noch leiden, während Sie auf Gott warten. Sie können ganz sicher sein, dass er Sie liebt; hoffen Sie weiter, dass er Sie erlöst.

In der Bibel heißt es: „Doch es ist keine Schande, dafür zu leiden, dass man Christ ist. Ihr sollt Gott vielmehr dafür loben, dass ihr zu Christus gehört!“ (1. Petrus 4,16).

8

Um Freude kämpfen

Vor vielen Jahren zogen meine Frau Lori und ich mit unserer damals sechs Monate alten Tochter von Texas nach Kalifornien und mussten Familie und Freunde zurücklassen. Ich hatte eine neue Arbeitsstelle in einer Gemeinde in Kalifornien und war gespannt auf die neue Herausforderung. Ungefähr ein Jahr nach unserem Umzug merkte ich, dass Lori sich irgendwie verändert hatte. Sie ging nur ganz selten aus dem Haus, traf sich kaum noch mit Freundinnen, und sie kam mir vor, als befände sie sich in einer Art Winterschlaf. Eigentlich hätte ich das schon viel früher bemerken müssen, aber in der Hektik meines Alltags war es mir eine Zeit lang gar nicht aufgefallen. Als mir endlich dämmerte, dass sie ein echtes Problem hatte, befand sie sich schon seit Monaten in einer tiefen Depression. Sie war so langsam und schrittweise in diesen Zustand hineingerutscht, dass nicht einmal sie selbst ganz begriff, was los war.

Irgendwann ging sie schließlich zu einem Arzt und erzählte ihm, wie sie sich fühlte. Er hörte ihr zu und verschrieb ihr sofort ein Antidepressivum. Darüber regte sie sich ziemlich auf, aber nicht, weil sie der Meinung war, dass man Depressionen nicht mit Medikamenten behandeln soll, sondern weil sich der Arzt höchstens zehn Minuten Zeit genommen hatte, um ihr zuzuhören und dann sofort den Rezeptblock gezückt hatte. Sie hatte nicht das Gefühl, richtig wahrgenommen worden zu sein, und es war ihr Eindruck, dass sie mit dem Rezept schnell abgefertigt wurde, damit der nächste Patient aufgerufen werden konnte. Allerdings war es auch so, dass die Depression für Lori erst dadurch richtig zur Realität wurde, als sie mit dem Rezept in der Hand wieder nach Hause kam.

Nach dem besagten Arzttermin machten Lori und ich dann einen Spaziergang und beim Gehen sprudelten plötzlich Gedanken und Gefühle wie ein Sturzbach aus meiner Frau heraus. Sie hatte sich viele Gedanken darüber gemacht, ob es mit meiner neuen Arbeit auch gut lief und es der Familie im neuen Zuhause gut ging, dass sie sich ihre eigenen Probleme bei der Umstellung nicht hatte eingestehen können. Sie hatte alle ihre alten Freunde und Freundinnen zurücklassen müssen, und neue Kontakte zu knüpfen und Freundschaften zu schließen war sehr viel schwieriger, als sie es sich vorgestellt hatte. Sie vermisste ihr Zuhause und ihre Familie, aber sie hatte das Gefühl gehabt, ihre Enttäuschung überspielen, ihre Gefühle verdrängen und so tun zu müssen, als wäre alles in bester Ordnung. Lange gingen wir so nebeneinander her und alles kam ans Licht.

Heute sagt sie, dass dies der Tag war, von dem an ihre Depression besser wurde. Natürlich war danach nicht sofort wieder eitel Sonnenschein, aber es war der Tag, an dem sie aufhörte, etwas vorzutäuschen und langsam aber sicher den mühsamen Weg aus dem schwarzen Loch heraus antrat, in das sie hineingerutscht war.

Bisher ist in diesem Buch bereits ein paarmal kurz das Thema Depressionen gestreift worden. Wir wollen uns jetzt ein wenig ausführlicher damit befassen und uns anschauen, wie wichtig es ist, sich der Depression zu stellen und auf gute, konstruktive Weise damit umzugehen. Depressionen können sowohl eine Begleiterscheinung und Folge anderer Leiden sein als auch ein eigenes Leiden. Wenn Menschen Zerbrochenheit erleben, bekommen sie höchstwahrscheinlich irgendwann damit zu tun.

Depressionen sind ein ernsthaftes Problem. Laut Statistik sind innerhalb eines Jahres etwa neunzehn Millionen Amerikaner davon betroffen. „10 bis 25 Prozent aller Frauen und 5 bis 12 Prozent der Männer leiden irgendwann im Leben an einer klinischen Depression.“[1] Depressionen kommen bei Menschen jeder Nationalität, jeder Herkunft, jeder sozialen Schicht und beiderlei Geschlechts vor. Sie können durch äußere Ereignisse oder Umstände ausgelöst werden, manchmal kommen sie aber auch schleichend und ohne erkennbaren Auslöser.

In christlichen Gemeinden ist es leider oft so, dass den Menschen dort direkt oder indirekt zu verstehen gegeben wird, dass wenn nicht alles super in Ordnung ist, sie doch wenigstens so tun sollen, als ob. Dadurch entsteht ein Klima, das bestimmt wird von dem Druck, Gefühle, besonders „negative“ Gefühle, wegdrücken und sie mit einem breiten Grinsen überspielen zu müssen. Während wir auf der einen Seite die Wahrheit und ein offenes und ehrliches Miteinander propagieren, fördern wir gleichzeitig Unechtheit, indem wir eine Atmosphäre schaffen, in der man nicht offen und ehrlich sein kann.

In christlichen Gemeinden ist es leider so, dass den Menschen dort direkt oder indirekt zu verstehen gegeben wird, dass wenn nicht alles super in Ordnung ist, sie doch wenigstens so tun sollen, als ob.

Vielleicht haben Sie ja auch das Gefühl, anderen etwas vormachen zu müssen. Vielleicht haben Ihnen Familie und/ oder Freunde ja auch signalisiert, dass es gerade nicht passt oder zu chaotisch wird, wenn Sie ehrlich äußern, was Sie gerade durchmachen. Aber vielleicht kommt der Druck, das Schwere in Ihrem Leben für sich behalten zu müssen, ja auch von innen, also von Ihnen selbst.

Ich sage Ihnen, dass es völlig in Ordnung – nein, sogar unbedingt notwendig ist – zuzugeben, wie schlecht es Ihnen geht. Und ich möchte Ihnen noch etwas sagen, das sowohl meine Frau als auch ich gelernt haben: Freude ist etwas, wofür man sich entscheiden und wofür man kämpfen muss. Nicht schüchtern und zaghaft, sondern mutig, entschlossen und furchtlos – so wie Russell Crowe in dem Film *Gladiator*.

Ein häufiger Kampf

Ich möchte mit Ihnen gemeinsam einmal das Leben von Charles Haddon Spurgeon betrachten, einem der größten Pastoren und Prediger des 19. Jahrhunderts. Im Alter von fünfzehn Jahren übergab er sein Leben Jesus Christus und nur vier Jahre nach dieser Bekehrung wurde er Pastor der New Park Street Chapel in London, die später in Metropolitan Tabernacle umbenannt wurde. Dieser Gemeinde blieb er als Pastor achtunddreißig Jahre lang treu. (Durch seine Schriften war Spurgeon in vielerlei Hinsicht auch mein Pastor. Der Mann bringt es wirklich auf den Punkt!)

Am 8. Januar 1856 heiratete er Susannah Thompson. Noch im selben Jahr geschah etwas, das mit zu den schrecklichsten Ereignissen seines Lebens gehörte. Spurgeon predigte in der Music Hall in den Royal Surrey Gardens vor Tausenden von Menschen, als plötzlich jemand „Feuer!" schrie. Es gab gar kein Feuer, aber der Schrei löste eine Panik unter den Zuhörern aus, in der sieben Menschen zu Tode getrampelt und viele verletzt wurden. Neun Jahre nach dieser Tragödie in den Surrey Gardens erkrankte Spurgeons Frau Susannah so schwer, dass sie danach für den Rest ihres Lebens nicht mehr das Haus verlassen konnte.

Zusätzlich zu alldem litt Spurgeon selbst unter starken chronischen Schmerzen. Er hatte Gicht, Rheuma und die Brightsche Krankheit, ein Nierenleiden. Seinen ersten Krankheitsschub hatte er 1869 im Alter von fünfunddreißig Jahren. Die Schmerzen wurden stetig schlimmer und er hatte mit Übelkeit, Erbrechen, Fieber, Schwellungen und geistiger Erschöpfung zu kämpfen.

Über die Hälfte seiner Dienstzeit wurde Spurgeon von diesen körperlichen und seelischen Gebrechen gequält.

Außerdem stand er heftig in der öffentlichen Kritik. Seine Zeitgenossen warfen ihm vor, unqualifiziert und ungehobelt zu sein, weil er kein Theologiestudium absolviert hatte. Ihren Höhepunkt erreichte diese Kritik während der Down-Grade-Kontroverse, die letztlich dazu führte, dass sich Spurgeon im Oktober 1887 aus dem Gemeindebund der Baptisten zurückzog, weil dort seiner Meinung nach die Wahrheit der Bibel verleugnet und eine falsche Lehre verbreitet wurde. Für diese Haltung wurde er daraufhin vom Baptistenbund offiziell getadelt. (Können Sie sich vorstellen, was die Blogger darüber geschrieben hätten, wenn es das Internet damals schon gegeben hätte?)

Zusätzlich zu all diesem Schweren hatte Spurgeon immer wieder mit Depressionen zu kämpfen. Zum ersten Mal hatte er 1858 im Alter von 24 Jahren damit zu tun, und Depressionen sollten ihn danach bis an sein Lebensende begleiten. Er beschreibt sie folgendermaßen: „Meine Stimmung war so gedrückt, dass ich oft stundenlang weinte wie ein Kind, ohne zu wissen, warum."[2] Jeder, der Depressionen kennt, weiß, dass diese unerklärliche Traurigkeit und das Weinen zu den typischen Symptomen gehören.

Das Erstaunliche an Spurgeon ist jedoch, dass er weiterarbeitete und aktiv war. Er stützte sich auf seinen Glauben und machte trotz seiner Depressionen einfach weiter. Er sagte:

Ich bin so furchtbaren Depressionen des Geistes ausgesetzt, dass ich hoffe, niemand muss ein solches Elend durchmachen wie ich, aber was mir immer wieder heraushilft, ist dies – ich weiß, ich vertraue auf Christus. Ich vertraue einzig und allein auf ihn, und wenn er fällt, falle ich mit ihm, aber wenn nicht, falle ich auch nicht. Weil er lebt, werde auch ich leben; und ich komme wieder auf die Füße und kämpfe gegen meine Depressionen und meine Niedergeschlagenheit, und ich trage den Sieg davon; und das dürfen Sie auch tun, das müssen Sie auch tun, denn es gibt keinen anderen Weg, ihnen zu entkommen. In den Zeiten Ihrer tiefsten Depressionen müssen Sie aus Ihrem Glauben Freude und Frieden schöpfen. … Liebe Freunde, halten Sie sich an den Vers: „Gewiss wird Gott mich töten, dennoch vertraue ich auf ihn …"[3]

Diese letzten Worte stammen aus der Bibel (siehe Hiob 13,15).

Spurgeon betrachtete sein Leiden als Teil eines übergeordneten Planes Gottes, der letztlich zum Guten führen würde. Er konnte Menschen ermutigen, die niedergeschlagen waren, ein gebrochenes Herz hatten oder krank und schwach waren, weil er all das aus eigener Erfahrung kannte. Durch Spurgeons von Leid und Not geprägtes Leben erfuhren unzählige Menschen Hilfe und wurden in ihrem Glauben ermutigt. Spurgeon schreibt: „Ich fürchte, dass alle Gnade, die ich aus der Zeit des Wohlergehens und der glücklichen Stunden gezogen habe, fast auf einem Penny Platz finden würde. Doch das Gute, das ich durch meine Sorgen und Schmerzen und mein Leid erhalten habe, ist insgesamt unermesslich. … Bedrängnis ist das beste Möbelstück in meinem Haus."

> Die Wolke ist schwarz, bevor es daraus regnet, und sie wirft Schatten, bevor sie ihre Flut von Gnade hervorbringt.

Spurgeons Leiden sorgte nicht nur dafür, dass er größeren Einfluss erlangte, sondern er machte außerdem die Erfahrung, dass das Leiden auch einen geistlichen Aspekt hat. Er sagt: „Die Depressionen überkommen mich immer dann, wenn Gott mir in meiner Arbeit einen größeren Segen schenken will; die Wolke ist schwarz, bevor es daraus regnet, und sie wirft Schatten, bevor sie ihre Flut von Gnade hervorbringt. Die Depression ist für mich mittlerweile ein Prophet in groben Kleidern geworden, ähnlich wie Johannes der Täufer, der das Nahen des noch reicheren Segens Gottes ankündigt."[4]

Ist Ihnen schon einmal der Gedanke gekommen, dass Ihre Depressionen die Vorstufe von etwas sehr viel Größerem sein könnten? Vielleicht bedeutet der Kampf in Ihrem Leben, dass Gott Sie auf einen größeren Segen vorbereitet.

Depressionen

Depressionen wirken sich auf den gesamten Menschen aus. Wenn es Menschen seelisch schlecht geht, dann hat das nicht selten auch körperliche Auswirkungen, weil Körper, Geist und Seele so eng miteinander verknüpft sind. Oft sind Betroffene antriebslos und schlafen mehr als gewöhnlich. Sie haben keinen Appetit, verlieren immer mehr das Interesse an ihrem Umfeld und haben Konzentrationsstörungen. Die Forschung kommt immer wieder zu dem Ergebnis, dass chemische Prozesse im Körper Prozesse im Gehirn beeinflussen können. Enzyme, die dabei helfen, elektrische Energie ins Gehirn zu befördern, sind während einer Depression offenbar in geringerer Menge vorhanden. Geht die Depression zurück, steigt auch die Menge dieser Enzyme wieder. Dies deutet darauf hin, dass die Übertragung elektrischer Energie während akuter Depressionen sehr viel geringer ist. Es liegt daher nahe, dass der Einsatz enzymsteigernder Medikamente hier hilfreich ist.[5]

Aufgrund des biochemischen Aspektes der meisten Arten von Depressionen wäre es stark vereinfacht zu behaupten, dass Depressionen rein geistlich, rein psychisch oder rein körperlich wären. Elizabeth Ruth Skoglund schreibt: „Körper, Seele und Geist des Menschen bilden eine Einheit, in der jederzeit das eine oder das andere die führende Rolle übernehmen kann. Eine Frau in den Wechseljahren kann zum Beispiel depressive Phasen durchleben, die weder psychische noch geistliche Ursachen haben. Es kann zwar durchaus sein, dass geistliche oder psychologische Hilfestellung ihr weiterhilft, aber die Hauptursache ist hier meist körperlicher Natur. Inzwischen erzielt man bei manchen Formen psychischer Erkrankungen gute Ergebnisse mit Medikamenten, eine weitere Bestätigung dafür, dass viele psychische Probleme biochemische Ursachen haben."[6]

Viele Christen hinterfragen, ob es richtig ist, bei Depressionen zum Arzt zu gehen oder Medikamente einzunehmen. Über andere Probleme in ihrem Leben können solche Leute oft ganz offen reden, doch wenn es um Depressionen geht, schämen sie sich. Es gibt ebenso wohlmeinende wie schlecht informierte Christen, die großen Schaden anrichten mit der Behauptung, es wäre Misstrauen gegenüber Gott, wenn man Medikamente gegen Depressionen oder andere psychische Erkrankungen nimmt.

> Jemandem aus sentimental verbrämten geistlichen Gründen die Ergebnisse des medizinischen Fortschritts zu verwehren, ist ungefähr so sinnvoll, wie kurzsichtigen Menschen zu sagen, sie sollten lieber keine Brille tragen.

Es gibt zwar in der Bibel keinerlei Aussagen über die Verwendung von Antidepressiva oder anderen Psychopharmaka, aber das Wissen, dass Gott seine Schöpfung ständig erneuert, heißt doch auch, dass die Medizin eine Gabe ist, die uns hilft, den Fluch aus 1. Mose 3 abzuwenden. Darüber hinaus heißt es in der Bibel: „Ein fröhliches Herz ist die beste Medizin“ (Sprüche 17,22) – diese Aussage impliziert, dass Medizin etwas Gutes ist.

Ob Christen Antidepressiva einnehmen sollen, dürfen sie ganz allein entscheiden. Für Betroffene ist das eine Frage des Gewissens und der Überzeugung und sollte Thema zwischen ihnen und ihren Ärzten und vielleicht auch ihren Seelsorgern sein. Jemandem jedoch aus sentimental verbrämten geistlichen Gründen die Ergebnisse medizinischen Fortschritts zu verwehren, ist ungefähr so sinnvoll, wie kurzsichtigen Menschen zu sagen, sie sollten lieber keine Brille tragen, oder Herzpatienten davon abzuraten, blutdrucksenkende Medikamente einzunehmen. Gott hat den Menschen die Fähigkeit geschenkt, Mittel gegen körperliche und seelische Erkrankungen zu entwickeln, und solange diese Mittel von der Bibel oder den Gesetzen unseres Landes nicht verboten sind, sollten wir darauf vertrauen, dass Gott uns auch die Weisheit schenkt, richtig darüber zu entscheiden, ob wir sie nutzen wollen oder nicht.

In den meisten Fällen bewirken Antidepressiva nicht, dass sich die Stimmung des Patienten ändert, sondern dass ein chemisches Ungleichgewicht im Körper korrigiert wird. Dadurch gewinnt der/die Betroffene die Kontrolle über seine Stimmungen zurück. Die meisten Menschen, die unter Depressionen leiden, möchten gar keine künstliche Ruhigstellung, um ihre Probleme vergessen zu können, sondern sie wünschen sich, ein Gefühl von Normalität zu bekommen, die Fähigkeit, genau wie jeder andere ihre Probleme verarbeiten und mit ihren emotionalen Reaktionen zurechtkommen zu können.

Frustrierte Giganten

Auch schon zu biblischer Zeit hat es Menschen wie Spurgeon gegeben, die unter Depressionen litten, aber dennoch von Gott eingesetzt wurden. Als Hiob in seiner tiefen Trauer auf Gott wartete, hatte er zweifellos Depressionen. Jona war völlig am Boden, als Gott seine Drohung, Ninive zu zerstören, nicht wahr machte (siehe Jona 4,1–9). Jeremia wünschte, er wäre nie geboren worden (siehe Jeremia 20,14–18). David rief mitten in seinem Leiden aus: „Tränen sind meine Speise bei Tag und Nacht … Warum bin ich so mutlos? Warum so traurig?“ (Psalm 42,4; 6). Elia fühlte sich an einem bestimmten Punkt seines Lebens nur noch hoffnungslos und wollte sogar sterben.

In 1. Könige 18–19 ist zu lesen, wie Elia König Ahab zur Rede stellt, weil er nichts dagegen unternimmt, dass das Volk Israel Baal verehrt. Auf dem Berg Karmel demonstriert Elia dann, welche Macht Gott hat, indem er ihn bittet, Feuer vom Himmel zu schicken und das Opferfleisch zu verbrennen. Die Baalspriester haben bei ihrem Götzen bereits das Gleiche versucht, allerdings ohne Erfolg – und dadurch ihren Gott als Schwindler bloßgestellt. Gott erhört Elias Gebet und schickt Feuer, welches das Opferfleisch verzehrt – eine eindrucksvolle, machtvolle Tat von kosmischer Dimension!

Nachdem Elia diesen Triumph Gottes erlebt hat, hofft er nun, dass damit sein Kampf gegen die Baalverehrung beendet ist, aber dem ist nicht so, denn König Ahabs Frau Isebel droht, Elia töten zu lassen. Elia flieht daraufhin, so weit ihn seine Füße tragen – konkret bedeutet das, dass er einen Fußmarsch von fast zweihundert Kilometern zurücklegt, für die er etwa sechs Tage gebraucht haben muss. Schon allein die körperlichen Strapazen dieses Marsches hätten ausgereicht, um ihn an seine Grenzen zu bringen. Er ist hungrig und durstig und geschwächt von dem langen Marsch. Als er sich in der Wildnis irgendwann erschöpft unter einem Ginsterstrauch niederlässt, sagt er: „Ich habe genug, Herr, … Nimm mein Leben, denn ich bin nicht besser als meine Vorfahren" (1. Könige 19,4).

Elia ist emotional so verstört und körperlich so ausgelaugt, dass er den Herrn bittet, ihn sterben zu lassen. Er sieht keinen Grund mehr zum Weiterleben und ist überwältigt von dem Gefühl, versagt zu haben und nichts tun zu können. Selbst nachdem er Feuer vom Himmel herabgerufen hat, bleiben die Menschen Gott gegenüber verhärtet und verschlossen. Wie ist es möglich, dass selbst ein solches Wunder keine sichtbare Wirkung hat? All diese Gedanken führen bei Elia zu der Frage, ob Gott überhaupt noch wirkt. Elias gesamtes Wirken und sein Leiden, das durch dieses Wirken hervorgerufen wird, scheinen völlig umsonst gewesen zu sein. Er ist am absoluten Tiefpunkt angekommen.

Vielleicht hat Elia einen mächtigen Ausbruch der Kraft Gottes erwartet, aber Gott zeigt ihm, dass er auch in der Stille zu finden ist.

Aber Gott greift ein, um Elia zu bewahren und zu ermutigen. Er schickt einen Engel, der Elia zu essen und zu trinken gibt, damit er den Rest seiner Reise überstehen kann. Als er sich körperlich wieder erholt hat, wird Elia daran erinnert, dass Gott trotz des scheinbaren Scheiterns von Elias Auftrag immer noch alles unter Kontrolle hat.

Als Elia sich in eine Höhle verkriecht, um sich darin auszuruhen, fordert Gott ihn auf, auf einen Berg zu steigen und sich vor ihn hinzustellen. Es kommt ein heftiger Sturm auf, ein Erdbeben erschüttert das Land und ein Feuer bricht aus, aber in alldem ist Gott nicht. Gott begegnet Elia in einem leisen Säuseln. Das hebräische Wort für „Säuseln" bedeutet leises Wehen, Stille oder Windstille.[7] Elia hat auf dem Berg Karmel ein geistliches Hoch erlebt, aber als er unmittelbar nach diesem Erlebnis wieder in die Wildnis herabkommt und mit der Tatsache konfrontiert ist, dass sein Leben in Gefahr ist, ist das ausgesprochen ernüchternd für ihn. Elia hat vergessen, dass Gott sich nicht nur in spektakulären Taten und großen Momenten offenbart, sondern auch in der Stille. Vielleicht hat Elia einen mächtigen Ausbruch der Kraft Gottes erwartet, aber Gott zeigt ihm, dass er auch in der Stille zu finden ist. Er hat weder Elia noch das Volk Gottes vergessen, und das, was er mit Elia vorhat, was für Elia selbst aber gar nicht offensichtlich zu erkennen ist, passiert tatsächlich.

Als er am absoluten Tiefpunkt angekommen ist, lernt Elia, sein Leiden und seinen Schmerz zu Gott zu bringen, und er begreift, dass solche leidvollen Momente in seinem Leben nur Kapitel einer viel umfassenderen, größeren Geschichte sind, die kein leidvolles Ende haben wird. Er kann wieder glauben, dass Gottes Verheißungen eines Tages erfüllt werden. Seine Hoffnung auf die Freude im Herrn ist neu belebt worden.

Die richtigen Schritte

Wo suchen Sie nach Freude oder Glück? Glauben Sie, dass es eine Zauberformel gibt, die einem hilft, glücklich zu werden? Glauben Sie, dass Sie glücklich werden, wenn Sie fünf Kilo abnehmen oder einen „Sixpack“ haben oder wenn Sie den Mann/die Frau fürs Leben finden?

Für viele Menschen ist Glück gleichbedeutend mit Reichtum. Vielleicht glauben Sie ja auch, dass Sie glücklich wären, wenn Sie eine Gehaltserhöhung bekämen oder befördert würden, oder noch besser, wenn Sie den Jackpot im Lotto gewinnen würden. Vielleicht beten Sie sogar, bevor Sie Ihre Kreuzchen auf dem Lottoschein machen, und schicken ein kleines Bestechungsgebet zum Himmel: „Lieber Gott, wenn du dafür sorgst, dass ich gewinne, dann spende ich zwanzig, nein dreißig Prozent meines Gewinns der Gemeinde.“ Aber nur mehr Geld zu haben ohne ein festes Fundament, auf das Sie Ihr Leben gründen und aus dem Sie Freude schöpfen können, werden Sie wahrscheinlich schnell frustriert sein. Mehr zu haben, bedeutet auch, mehr zu haben, worum Sie sich Sorgen machen, mehr, was Sie schützen müssen und auch mehr, wodurch Sie abgelenkt werden. Und es wird nie genug sein.

> Freude ist ebenso sehr etwas, wofür wir uns entscheiden, wie etwas, das uns widerfährt.

Wonach suchen Sie, um in Ihrem Leben für Freude zu sorgen?

Manche Christen finden ganz leicht Freude, für andere ist es eine ungeheure Anstrengung. Wenn Sie zerbrochen sind, dann kämpfen Sie mit ganzer Kraft um Freude in Gott. In der Bibel steht, dass Freude ebenso etwas ist, wofür wir uns entscheiden müssen, wie etwas, das uns widerfährt. In der gesamten Bibel ist immer wieder die Aufforderung zu finden, dass wir uns freuen sollen. Ein Beispiel dafür ist Paulus' eindringliche Aufforderung in Philipper 4,4: „Seid stets erfüllt von der Freude im Herrn. Ich betone es noch einmal: Freut euch!" (New Living Bible; aus dem Amerikanischen übersetzt).

Aber wie geht das? Wie können wir uns denn für Freude entscheiden, wenn die Welt um uns her scheinbar zerbricht? Und wie können wir von Freude „erfüllt sein"? Diese Aufforderung klingt, als sollten wir *aktiv* etwas tun, das dem Wesen nach *passiv* ist. Wie soll so etwas denn möglich sein?

Wir können eine solche Erfüllung erleben, indem wir einfach offen bleiben für das Wirken Gottes. Nur der Heilige Geist kann unsere Freude vollkommen machen, doch wir können zu der Erfüllung beitragen, indem wir in unserem Leben die bestmöglichen Bedingungen für das Wirken des Heiligen Geistes schaffen. Das kann konkret beispielsweise bedeuten, sich gesünder zu ernähren, regelmäßig Sport zu treiben (was die geistige und seelische Gesundheit erwiesenermaßen ebenso fördert wie die körperliche) und häufig in der frischen Luft und in der Sonne zu sein. Man kann sich ein neues Hobby zulegen – oder ein Haustier! Wenn man ein Antidepressivum einnehmen muss, um ein chemisches Ungleichgewicht zu behandeln, ist es wichtig, das nach Anweisung des Arztes zu tun und auch sonst dessen Anweisungen zu befolgen. Aber vor allem sollte man Gott regelmäßig im Gebet darum bitten, einen mit Freude zu erfüllen.

All das trägt dazu bei, die richtigen Schritte gegen Depressionen zu unternehmen. Es ist letztlich unsinnig, um Freude zu kämpfen, wenn man dabei nicht die richtige Haltung einnimmt und die entsprechende Einstellung hat.

Manchmal ist es nötig, ständig und beharrlich an unserer Einstellung zu arbeiten, um wirklich Freude zu erleben. In der Bibel heißt es: „Konzentriert euch auf das, was wahr und anständig und gerecht ist. Denkt über das nach, was rein und liebenswert und bewunderungswürdig ist, über Dinge, die Auszeichnung und Lob verdienen“ (Philipper 4,8). Sehen wir uns diese Punkte im Einzelnen an:

Alles, was wahr ist. Vielleicht läuft es momentan nicht besonders gut bei Ihnen, und es ist auch in Ordnung, das einzugestehen, aber es ist ebenso wichtig und richtig, dagegenzustellen, dass Gott gut ist, und dass er mit seinem Werk noch nicht fertig ist. Auch das ist nämlich wahr. Gottes Wort erinnert uns daran, dass wir in einer gefallenen Welt leben, in der vieles schwer ist. Aber wir haben auch die Hoffnung Gottes in unserem Leben.

Alles, was anständig ist. Dieses Wort wird in der Bibel zur Beschreibung des Lebensstils von Leitern in der Gemeinde verwendet. Das sollen ehrliche Menschen sein, die es wert sind, dass man zu ihnen aufblickt. Denken Sie dabei an die vielen Menschen, die diese Welt zum Guten verändert haben – Menschen wie beispielsweise Tony Dungy und Billy Graham und Tausende von Menschen, die sich ehrenamtlich für das Wohl von Menschen auf der ganzen Welt engagieren.

Alles, was gerecht ist. Die Begriffe *richtig* und *gerecht* stehen für moralisch gute Entscheidungen. Schenken Sie in Ihrer Welt und Ihrem Leben besonders den Dingen Beachtung, die gut und richtig sind. Für mich beispielsweise bedeutet das konkret, aufmerksam und kritisch zu sein, wenn ich mir im Fernsehen Nachrichten anschaue, denn dort wird fast ausschließlich über Dinge berichtet, die nicht in Ordnung sind!

Alles, was rein ist. So etwas wie reine Gedanken gibt es wirklich. Ich denke beispielsweise an das Lachen meiner Kinder, an das Opfer, das Jesus für mich gebracht hat, oder an den wunderbaren Anblick eines Menschen, der getauft wird und Schritte auf seinem geistlichen Weg macht.

Alles, was liebenswert (schön) ist. Schönheit ist überall zu finden, sogar in der Zerbrochenheit. Für mich ist von schöner Musik (Klassikrock, Solokünstler – eigentlich alles außer Countrymusik!) bis hin zu einem guten Buch alles schön. Versuchen Sie es mal mit einem Sonnenaufgang bei einem großen Cappuccino draußen im Freien – also wenn das nicht schön ist!

Alles, was bewundernswert ist. Was ist in Ihrem Leben oder in Ihrem unmittelbaren Umfeld bewundernswert? Ich sehe in meinem Umfeld zum Beispiel Menschen, die den Armen helfen oder die sich uneigennützig um Mitmenschen kümmern.

Alles, was Auszeichnung und Lob verdient. Konzentrieren Sie sich auf die Dinge in Ihrem Leben, die großartig sind. Nennen Sie einmal alles, was in Ihrem Leben toll ist, und dann „denken Sie darüber nach". Damit ist gemeint, sich einmal länger und intensiver damit zu beschäftigen. Es geschieht so leicht, dass man sich nur noch mit Negativem befasst oder sich ständig wegen irgendetwas Sorgen macht.

Aber wenn wir wirklich Gottes Frieden erleben wollen, bedeutet das, unseren Geist mit positiven Gedanken zu füllen. Damit ist nicht gemeint, alles durch die rosarote Brille zu betrachten oder die Wahrheit zu schönen, sondern es bedeutet, uns bewusst und aktiv auf das Positive zu konzentrieren und Gott zu vertrauen. In der Bibel wird das so formuliert: „Vor allem aber behüte dein Herz, denn dein Herz beeinflusst dein ganzes Leben" (Sprüche 4,23). Das, worauf wir unser Hauptaugenmerk legen und wobei wir uns lange aufhalten, wirkt sich auf unser gesamtes Leben aus. Ich versuche, Glaube und Frieden alle Furcht und Sorge vertreiben zu lassen.

Das, worauf wir unser Hauptaugenmerk legen, wirkt sich auf unser gesamtes Leben aus.

In seinem großartigen Buch *Spiritual Depression* (Geistliche Depression) vergleicht David Martyn Lloyd-Jones die Prüfungen im Leben mit einem Fitnessraum Gottes. Er schreibt:

Ich möchte Sie herausfordern, das Leben jedes Heiligen zu studieren, der jemals eine Zierde der Kirche gewesen ist, und Sie werden sofort feststellen, dass die großartigsten Eigenschaften im Leben jedes dieser Heiligen Disziplin und Ordnung waren. Diese beiden sind ausnahmslos die hervorstechenden Eigenschaften bei allen herausragenden Männern und Frauen Gottes. Lesen Sie einmal über Henry Martyn, David Brainerd, Jonathan Edwards, die Brüder Wesley und Whitfield – lesen Sie deren Tagebücher. Egal, zu welchem Zweig der Kirche sie gehörten, sie führten alle ein diszipliniertes Leben und befanden das alle als notwendig – und das ist offensichtlich etwas abso-

lut Biblisches und auch absolut Wesentliches. „Wer zu ihm kommen möchte, muss glauben, dass Gott existiert …", schrieb der Verfasser des Hebräerbriefs, und: „… dass er die, die ihn aufrichtig suchen, belohnt" (Hebräer 11,6). Wir müssen ihn aufrichtig suchen.[8]

Wenn man mitten in großen Schwierigkeiten steckt, nützt es einem absolut nichts, in Selbstmitleid zu verfallen. Man hat zwar keine Kontrolle darüber, was einem widerfährt, aber darüber, wie man darauf reagiert, schon. Lassen Sie das Leben nicht an sich vorüberziehen. Lassen Sie sich darauf ein, auch wenn es manchmal weh tut. Mit den richtigen Schritten kann man um Freude kämpfen.

Die offene Tür

In seinem Buch *Über die Trauer* schreibt C. S. Lewis darüber, welche Probleme ihn in der Trauerphase nach dem Tod seiner Frau besonders belasteten. Er fühlte sich, als hätte Gott ihm eine Tür vor der Nase zugeschlagen, und wenn er betete, hörte er keine Antworten, sondern nur Schweigen. Er stellte fest, dass er seine Trauer noch intensiver spürte, wenn er allein war, und deshalb wünschte er sich, mit Leuten zusammen zu sein, bei denen er Trost finden konnte. War er jedoch in Gesellschaft anderer Menschen, wollte er nur allein sein. Er machte sich Gedanken darüber, woran das wohl liegen mochte.

Wenn er einem Menschen begegnete, der vom Tod seiner Frau wusste, wurde ihm oft freundlich eine Hand gereicht, aber genau diese freundliche Geste machte ihn richtig wütend, weil er wusste, dass nichts, was diese Person bisher erlebt hatte, auch nur annähernd mit seinem Leid vergleichbar war. Die Menschen bekundeten ihr Beileid, hatten aber kein Einfühlungsvermögen, und der Mangel an Beständigkeit in ihrem Mitgefühl mit Lewis' Trauer ließ ihre Worte in seinen Augen banal und unbedeutend erscheinen.

Manche Leute spürten, wie sehr Lewis litt, und vermieden es deshalb ganz und gar, ihn auf den Verlust seiner Frau anzusprechen. Das wiederum erinnerte ihn umso mehr an seinen Schmerz und er empfand es weder als rücksichtsvoll noch als tröstlich.

Dann gab es Menschen, die einfach gemeinsam mit ihm schwiegen. Diese Leute vermittelten ihm zwar ein gewisses Maß an Trost, aber er hatte auch das Gefühl, dass ihr Schweigen die unfassbare Tiefe seines eigenen Leidens offenbarte, sodass auch dieses Schweigen ihm kein Trost war.

Lewis kam letztlich zu dem Schluss, dass niemand ihm in seiner Trauer helfen konnte, weil sowohl Reden als auch Schweigen ihn nur noch tiefer in seinen Schmerz hinein trieben. Doch trotz solcher Gefühle den Menschen gegenüber war er sicher, dass ihre Anwesenheit seinen Heilungsprozess förderte. „Zwischen mir und der Welt ist so etwas wie eine unsichtbare Wand. Es fällt mir sehr schwer, aufzunehmen, was die Leute sagen … Es ist so uninteressant. Aber ich will sie um mich haben. Ich fürchte mich vor den Zeiten, in denen das Haus leer ist. Wenn sie sich nur miteinander unterhalten würden und nicht mit mir."

Schließlich sieht Lewis langsam wieder Licht am Ende des Tunnels der Trauer um seine geliebte Frau. Er schreibt, dass er nicht mehr durch das stets gegenwärtige innere Bild von ihr gepeinigt wird. Als seine Erinnerungen an sie heller werden und nicht mehr ganz so schmerzlich sind, wird er auch wieder offener für die Liebe und den Frieden Gottes. „Allmählich gelange ich zu dem Gefühl, dass die Tür nicht mehr geschlossen und verriegelt ist."[9]

Wenn Sie in tiefem Schmerz völlig isoliert sind, können Sie entweder schreien und um sich schlagen – oder Sie können sich Ihren Weg aus der Isolation herauskämpfen und dabei Ihre ganze Hoffnung auf Gott setzen wie ein schiffbrüchiger Matrose, der sich im tosenden Ozean an einen Rettungsring klammert. Wenn Sie um Ihre Freude kämpfen, werden Sie irgendwann an der offenen Tür stehen – auf der anderen Seite der Trauer – in der Wärme und dem Frieden der Freude Gottes.

> Wenn Sie in tiefem Schmerz völlig isoliert sind, können Sie entweder schreien und um sich schlagen – oder Sie können sich aus der Isolation herauskämpfen und dabei Ihre ganze Hoffnung auf Gott setzen.

Vielleicht haben Sie das Gefühl, in Ihrem Kampf um Freude keinen Fuß in die Tür zu bekommen. Vielleicht sind Sie auch einfach so überfordert und die Dunkelheit ist so überwältigend, dass Sie morgens absolut nicht den Wunsch haben, Ihr Bett zu verlassen. Die gute Nachricht ist aber, dass Sie nicht zu Gott hingehen müssen, sondern er kann *zu Ihnen* kommen. Er ist Ihnen bereits ganz nah, denn er hat versprochen: „Der Herr ist allen nahe, die verzweifelt sind; er rettet die, die den Mut verloren haben" (Psalm 34,19).

9

Vergeben lernen

Am 6. August 1945 fiel die erste Atombombe auf Hiroshima. Die Vereinigten Staaten wollten dadurch das Ende des Zweiten Weltkriegs herbeiführen. Tsutomu Yamaguchi, der an diesem Tag geschäftlich in Hiroshima zu tun hatte, überlebte die Explosion wie durch ein Wunder, erlitt aber Verbrennungen am ganzen Körper und hatte keine Ahnung, was eigentlich passiert war. Nachdem er notdürftig behandelt worden war, kehrte er in seine Heimatstadt Nagasaki zurück. Zwei Tage nach seiner Ankunft dort fiel am 9. August die zweite Atombombe auf Nagasaki – und auf Tsutomu Yamaguchi. Nach offiziellen japanischen Angaben ist er der einzige Mensch, der nachweislich zwei Atombombenexplosionen überlebt hat. Beide Male befand er sich im Zentrum der Explosion, und obwohl er gleich zweimal verheerender radioaktiver Strahlung ausgesetzt war, wurde er über dreiundneunzig Jahre alt.

Glauben Sie, dass er sich je gefragt hat, warum er als Einziger gleich zwei Atombombenabwürfe erleben musste? Glauben Sie, dass er deshalb verbittert war? Grund dazu hätte er jedenfalls gehabt!

Wir haben uns jetzt bereits mit vielen Aspekten der Frage beschäftigt, wie wir weitermachen sollen, wenn wir zerbrochen sind. Doch der wichtigste, ganz praktische Aspekt ist noch offen. Durch meine Arbeit in der Seelsorge und auch durch meine eigenen persönlichen Kämpfe bin ich zu der

Überzeugung gelangt, dass mangelnde Bereitschaft zu vergeben das größte Hindernis auf dem Weg zu Heilung und Freude darstellt. Dabei spielt es keine Rolle, ob sich unser Zorn oder unsere Weigerung zu vergeben gegen Gott, gegen andere Menschen oder gegen beide richtet. Wenn wir uns aber nicht damit auseinandersetzen, dann werden wir niemals richtig heil werden.

Mangelnde Bereitschaft zu vergeben ist das größte Hindernis auf dem Weg zu Heilung und Freude.

Wenn wir verletzt sind, ist es ganz normal, dass wir unsere Energie auf den oder das richten, der/das uns das angetan hat. Wir wollen, dass jemand dafür bezahlt. Wir wollen, dass der andere wenigstens ansatzweise empfindet, was wir empfinden, selbst wenn wir ganz tief in unserem Innern wissen, dass wir vergeben sollten. Wir sind innerlich zerrissen. Und oft ist uns gar nicht klar, dass die tiefsten Wunden oft gar nicht die ganz offensichtlichen sind, sondern die Wunden, die nur durch Vergebung heil werden können. Wenn wir wirklich heil werden und die Scherben unseres Lebens wieder zusammensetzen wollen, müssen wir uns mit dem Thema Vergebung auseinandersetzen.

Vergeben lernen

Im Jahr 2004 wurde auf YouTube ein grauenvolles Video eingestellt, das rasend schnell Verbreitung fand. Es zeigte einen jungen Mann (der später als Nicholas Berg identifiziert wurde), einen Zivilisten im Irak, der von islamischen Extremisten entführt und verschleppt wurde. Die Geiselnehmer setzen ihn vor eine Kamera und enthaupteten ihn dann mit einem stumpfen Messer. Ich hätte mich fast übergeben, als ich das Video sah, weil ich keine Ahnung gehabt hatte, was mich erwartete. Wie später vom CIA bestätigt wurde, war der Mord an Nicholas Berg von Abu Musab al-Zarqawi, einem der oberen Führer von Al Quaida, inszeniert worden. Al-Zarqarwis Stimme war auf dem Video zu hören, und er hielt das stumpfe Messer, mit dem Nicholas Berg der Kopf abgetrennt wurde.

Nachdem im Jahr 2006 al-Zarqawi dann selbst getötet wurde, fragten Journalisten Nicholas Bergs Vater Michael Berg in einem Interview: „Welche Gefühle hat der Tod des Mörders Ihres Sohnes bei Ihnen ausgelöst?“ Die Antwort des Mannes löste fassungsloses Staunen bei ihnen aus.

Berg berichtete, wie er sechs Monate nach dem Tod seines Sohnes festgestellt hatte, dass sein Rachedurst ihn umbringen würde. Er war völlig besessen von seiner Wut, sodass er Gedanken hatte, die er eigentlich nicht haben wollte. Er war auf dem besten Wege, ein rachsüchtiger und verbitterter Mann zu werden. Eines Tages fand er dann in seiner Post das Vorlesungsverzeichnis einer christlichen Universität, in dem ein Kurs über Vergebung angeboten wurde. Er belegte den Kurs und begann, sich seinem Schmerz zu stellen. Es habe etwa ein halbes Jahr gedauert, bis er so weit gewesen sei, sagt er. Schon lange bevor al-Zarqawi umgebracht wurde, war Michael an dem Punkt angelangt, an dem er dem Terroristen hatte vergeben können. Den Journalisten sagte er: „Ich freue mich nicht. Ich kann nicht feiern, dass er jetzt tot ist und damit etwas aus meinem Leben verschwindet, das bisher dort war. Ich bin irgendwann an den Punkt gekommen, an dem ich einfach alles Gott ausgeliefert habe."[1] Er hatte vergeben können.

Sie können sich wahrscheinlich vorstellen, dass viele Menschen empört waren, als sie das hörten. Sie gönnten es Michael Berg nicht, dass er hatte vergeben können. Den kanadischen Musiker Peter Katz jedoch, der das Interview unterwegs im Autoradio hörte, berührte es so tief, welche Gnade und Vergebung Berg dem Mörder seines Sohnes entgegenbrachte, dass er auf den Seitenstreifen fuhr und einen Song mit dem Titel „Forgiveness" (Vergebung) schrieb, den er Michael Berg widmete. Der Text des Songs erzählt von Berg und seinem Leben.[2]

Vielleicht wünschen Sie sich Vergeltung. Vielleicht möchten Sie aus tiefstem Herzen jemandem etwas heimzahlen, aber Tatsache ist, dass dadurch weder Frieden noch Gerechtigkeit in Ihr Leben kommen. Selbstjustiz befriedigt nicht. Deshalb sagt Gott die ganze Bibel hindurch immer wieder, dass die Vergeltung seine Sache ist (siehe 3. Mose 19,18; 5. Mose 32,35; Sprüche 24,29; Römer 12,17–19; 1. Thessalonicher 5,15). „Vertrau mir", sagt Gott. „Ich regele das. Ich kümmere mich darum. Alles, was mit Vergeltung zu tun hat, ist meine Sache."

Vielleicht wollen Sie Vergeltung, vielleicht wünschen Sie sich aus tiefstem Herzen, jemandem etwas heimzuzahlen, aber Tatsache ist, dass dadurch weder Frieden noch Gerechtigkeit in Ihr Leben kommen.

Ich will damit gar nicht sagen, dass manchmal nicht auch das Eingreifen von Polizei, Militär oder Justiz nötig ist. Ich rede hier davon, das Recht selbst in die Hand zu nehmen oder zuzulassen, dass sich die Rachegelüste auf destruktive Art im Innern aufstauen. Selbstjustiz kann schwerwiegende Folgen haben. Unkontrollierter Zorn schaukelt sich immer weiter hoch und führt nie zu etwas Gutem. Je mehr er zunimmt, desto gefährlicher wird es.

Jetzt ist die Zeit

Jesus erklärt, wie wir damit umgehen und was wir tun sollen, wenn heiße Wut in uns hochkommt: „Wenn ihr also vor dem Altar im Tempel steht, um zu opfern, und es fällt euch mit einem Mal ein, dass jemand etwas gegen euch hat, dann lasst euer Opfer vor dem Altar liegen, geht zu dem Betreffenden und versöhnt euch mit ihm. Erst dann kommt zurück und bringt Gott euer Opfer dar“ (Matthäus 5,23–24). Um zum Tempel zu gelangen und dort ihr Opfer darzubringen, mussten die Menschen oft weite Wege gehen – manchmal über hundert Kilometer weit. Jesus sagt also: „Du bist eine ganze Woche lang unterwegs gewesen, um herzukommen. Jetzt bist du da, und du gehst nach vorn zum Altar, und du willst dein Opfer bringen, und da fällt dir nicht nur ein, dass du wütend auf jemanden bist, sondern auch noch, dass jemand ein Problem mit dir hat. Was sollst du tun?“ Die Antwort Jesu lautet: „Geh wieder. Gehe einen Tagesmarsch oder auch zwei Tage oder gar sechs Tage. Geh zurück, bring die Sache in Ordnung und komm dann wieder.“

So wichtig ist es also für uns selbst, mit denen Frieden zu schließen, mit denen wir Streit haben.

Vielleicht haben Sie ja auch schon einmal mitten in einem Gottesdienst verzweifelt nach einer Entschuldigung gesucht, hinauszugehen. Hier haben Sie eine: Jesus sagt, dass wenn Sie in einem Gottesdienst sitzen und Ihnen plötzlich klar wird: „Mensch, ich hab' da mit jemandem ein echtes Problem", oder „jemand hat ein echtes Problem mit mir", dann bringen Sie die Sache unverzüglich in Ordnung. Schieben Sie es nicht auf. So wichtig ist Vergebung!

Das Geschenk, das schenkt

Aber all das ist leichter gesagt als getan. Wenn einem das Leben einen so heftigen Schlag in die Magengrube verpasst, dass einem die Luft wegbleibt, dann kann es leicht passieren, dass man an Zorn und Bitterkeit festhält.

So etwas haben meine Freunde Eric und Jayne erlebt.

Vor ein paar Jahren waren sie an einem ganz normalen Abend mit dem Auto auf dem Heimweg. Zwei Straßen von ihrem Haus entfernt kamen sie an einer Unfallstelle vorbei. Überall standen Einsatzwagen der Polizei und Rettungsfahrzeuge mit Blaulicht.

„Es war wie im Film", erinnert sich Jayne. „Das Blaulicht, die Rettungswagen, die Polizeiautos und das rotweiße Absperrband."

Jaynes Mutterinstinkt ließ irgendwie alle Alarmglocken bei ihr läuten. Es sei so ein Gefühl gewesen, das man nicht beschreiben oder auch nur in Worte fassen könne, sagte sie später. Weil Eric und sie aber nicht genau erkennen konnten, was dort los war, fuhren sie weiter.

Zu Hause angekommen, sprang Jayne aus dem Wagen, rannte so schnell sie konnte ins Haus und fragte Freunde, die gerade zu Besuch waren: „Wo ist Paul?“ Paul war ihr sechzehnjähriger Sohn.

Die Freunde antworteten völlig ahnungslos: „Er ist nicht da, wir haben ihn noch nicht gesehen.“

Jayne sagte sofort zu Eric: „Geh und such ihn.“

Eric begriff sofort, was sie dachte und rannte aus dem Haus, um noch einmal zurück zu der Unfallstelle zu fahren.

Jayne blieb zu Hause und wartete. Die Minuten schlichen dahin und kamen ihr vor wie Stunden. Ihre Gedanken überschlugen sich, während sie jedes nur denkbare Szenario durchspielte. Vielleicht war Paul ja bei einem Freund, aber vielleicht lag er auch hinter dem rotweißen Absperrband und konnte gar nicht nach Hause kommen. Sie hatte sogar den Gedanken, dass er verletzt sein könnte und bereitete sich innerlich schon auf die Fahrt ins Krankenhaus vor.

Aber dann flüsterte ihr eine leise Stimme etwas zu. Sie wusste es.

Ihr Gedankenfluss wurde abrupt gestoppt, als die Haustür geöffnet wurde und ein Polizeibeamter hereinkam. Er fragte: „Sind Sie Jayne?“ Mehr brauchte sie gar nicht zu hören. Mehr wollte sie auch gar nicht hören. Der schlimmste Albtraum aller Eltern war Wirklichkeit geworden. Der Polizist setzte an, um weiterzusprechen, und ihr war klar, was er jetzt sagen würde. „Ihr Sohn ist tot.“

> Ein Polizeibeamter betrat das Haus. Er fragte nur: „Sind Sie Jayne? Ihr Sohn ist tot.“

Jayne brach zusammen. Mit das Kostbarste in ihrem Leben war ihr genommen worden. Sie hatte keine Chance gehabt, ihren Sohn zu beschützen, keine Chance mehr, ihm auf Wiedersehen zu sagen, ihn zu umarmen, ihm zu sagen, dass sie ihn liebte. Paul war seiner Mutter gewaltsam entrissen worden.

Wie sie später erfuhr, war der Unfall die Folge einer Verkettung unglücklicher Umstände gewesen. Paul war mit dem Fahrrad auf dem Heimweg gewesen. Zur selben Zeit hatte Tommy, ein Jugendlicher in Pauls Alter, der gerade erst seinen Führerschein bekommen hatte, ein paar Freunde nach Hause gefahren. Er hatte es ziemlich eilig gehabt, weil er selbst um zehn Uhr zu Hause sein musste, und er hatte Tommy auf seinem Fahrrad einfach übersehen.

Im Lauf der nächsten Tage drehte sich jedes Gespräch, alles, was gesagt wurde, um Erinnerungen an Paul. Bei allen, die ihn gekannt hatten, flossen Tränen. Zorn lag in der Luft, als sie versuchten, das *Warum* zu verstehen. Warum Paul? Warum hatten die Eltern des anderen Jungen ihm erlaubt, sich mit so wenig Fahrpraxis allein ins Auto zu setzen? Warum hatte der Junge auf alles andere geachtet, nur nicht darauf, was direkt vor seiner Windschutzscheibe passierte?

Sieben qualvolle Tage vergingen.

Nach der Beerdigung fand Jayne sich mitten in einer Menge wohlmeinender Menschen wieder. Einer nach dem anderen kamen sie auf Jayne zu, um ihr ihr Beileid zu bekunden und Trost zuzusprechen. Sie war überwältigt von der Liebe und der Unterstützung der vielen Menschen, aber gleichzeitig fühlte sie sich unendlich leer.

Jemand flüsterte Jayne zu: „Das ist er." Das war das erste Mal, dass sie den Blick auf den Jungen richtete, der ihrem Sohn das Leben genommen hatte.

Dann sah Jayne einen Jungen auf sich zukommen. Er wurde von seinen Eltern sanft in ihre Richtung gestupst, und man sah ihm seine Qual und seine Unsicherheit an. Er versuchte, sich zusammenzunehmen, aber seine Lippen und sein Kinn bebten. Jemand flüsterte Jayne zu: „Das ist er. Das ist Tommy."

Jane hatte den Jungen noch nie gesehen, nie mit ihm gesprochen. Dies war das erste Mal, dass sie den Blick auf den Jungen richtete, der ihrem Sohn das Leben genommen hatte. Jayne hatte nur einen kurzen Augenblick Zeit, um zu entscheiden, wie sie reagieren und was sie sagen sollte. Der Zorn, der die ganze Woche nur eben unter der Oberfläche gebrodelt hatte, drohte sich mit Macht gegen den Jungen zu entladen, der da vor ihr stand.

Sie sprach ein ganz schlichtes Gebet. „Was soll ich tun, Gott? Was soll ich tun?"

Und sofort hörte sie von Gott ein einziges Wort: „Vergib ihm."

Vergeben ist ein Verb. Es ist eine Tätigkeit. Es erfordert nicht nur das Aussprechen von Worten, sondern auch dass man diese Worte lebt. Es gibt viele gute Menschen, die zwar sagen, dass sie vergeben, gleichzeitig aber weiterhin schlecht über die Menschen reden, von denen sie verletzt worden sind. Menschen, die sagen, dass sie vergeben, aber trotzdem festhalten an dem Groll, der sich dann in ihrem Leben breitmacht und immer mehr Raum einnimmt. Jayne wusste, dass diese Situation am Grab ihres Sohnes wie eine Brücke war, die sie überqueren musste.

Tommy blickte völlig verzweifelt zu Jayne auf und sagte: „Es tut mir leid."

Jayne starrte den Jungen nur an, und in diesem Moment war alles andere um sie her völlig ausgeblendet. Sie war überwältigt, wie sehr der Junge ihrem Sohn ähnelte. Gottes Aufforderung immer noch im Kopf, sagte sie sanft: „Wenn du diesen Tag ungeschehen machen könntest, würdest du es tun."

Und mit diesen Worten holte sie einen Ring aus ihrer Tasche, einen Freundschaftsring, den sie Paul vor Jahren geschenkt hatte. Die ganze Woche seit Pauls Tod trug sie den Ring schon bei sich. Er war ihr ein Trost gewesen in dieser ersten Zeit, in der sie versuchte, sich in ihrem neuen Leben ohne Paul zurechtzufinden. Diesen Ring gab sie jetzt Tommy. An das, was im nächsten Augenblick geschah, konnte sie sich später nur noch verschwommen erinnern. Sie machte dem Jungen das größtmögliche Geschenk: Vergebung.

Fast ein Jahr später, als der erste Todestag von Jaynes Sohn näher rückte, fragte sich Jayne, wie es weitergehen sollte, und als der Tag dann da war, setzte sie genau das fort, was Gott nach der Beerdigung in Gang gesetzt hatte. Sie lud so viele Freunde von Paul ein, wie in ihr Haus passten, um mit ihnen zusammen Pauls Leben zu feiern. Irgendwann an diesem Abend nahm sie sich dann ein paar Minuten Zeit, um von der radikalen Gnade Jesu zu erzählen. An diesem Abend übergaben in Jaynes Wohnzimmer achtzehn Freunde von Paul ihr Leben Jesus und nahmen ihn als Herrn und Retter, als ihren Freund und Leiter an, und als denjenigen, der ihnen vergeben konnte. Auch Tommy gehörte zu denen, die diese lebensverändernde Entscheidung trafen.

Durch eine furchtbare Tragödie wurde ein Leben genommen. Durch erstaunliche Vergebung wurde ein Leben gerettet.

Natürlich gibt es keine Garantie, dass Vergebung immer so wunderbare Auswirkungen hat wie bei Jayne und Tommy, aber das übernatürliche Geschehen im Innern eines Menschen, der vergibt, ist etwas, dessen wir absolut sicher sein können. Manchmal ist es allerdings so, dass derjenige, der Vergebung nötig hat, nicht annähernd so bereit ist, sie auch anzunehmen wie Tommy.

In der Bibel heißt es: „Tragt euren Teil dazu bei, mit anderen in Frieden zu leben, soweit es möglich ist!" (Römer 12,18). Die Herausforderung besteht also darin, dass der Frieden nicht ausschließlich von uns selbst, sondern auch von anderen abhängt. Ich entschuldige mich, wenn ich jemandem Unrecht getan habe. Meistens funktioniert das, aber ein paarmal habe ich auch schon erlebt, dass jemand meine Entschuldigung nicht annehmen wollte und nicht bereit war, mir zu vergeben. Man kann nur das kontrollieren, worauf man Einfluss hat.

> Wenn man auf dem Weg des Zorns bleibt, dann wird dadurch das Problem immer weiter angeheizt – und das hat dann Folgen.

Vergebung bedeutet nicht, dass alles sofort wieder gut ist. Vergebung bedeutet nicht, dass das, was jemand Ihnen angetan hat, für ihn keine Folgen hat. Vergebung bedeutet nicht, dass keine juristischen Konsequenzen entstehen. Vergebung bedeutet, auf persönliche Vergeltung zu verzichten. Wenn man vergibt, sagt man zu dem anderen: „Ich überstelle dich dem souveränen Gott, der über alles herrscht."

Nachdem er den Menschen gesagt hat, dass sie ihr Opfer vor dem Altar ablegen und, wenn nötig, erst Vergebung suchen sollen, fährt Jesus fort: „Einigt euch rasch mit eurem Gegner, bevor es zu spät ist und ihr vor Gericht gestellt, einem Gerichtsdiener übergeben und ins Gefängnis geworfen werdet. Ich versichere euch: Ihr kommt erst wieder frei, wenn ihr eure Schuld bis auf den letzten Pfennig bezahlt habt" (Matthäus 5,25–26). Jesus will hier niemanden juristisch beraten, sondern bei dem, was er hier sagt, handelt es sich um ein Bild. Wenn man auf dem Weg des Zorns bleibt, dann wird das Problem immer weiter angeheizt – und das hat dann Folgen.

Die eigentliche Wunde

Richard Moore aus Nordirland war erst zehn Jahre alt, als er auf dem Heimweg von einem Gummigeschoss aus der Waffe eines britischen Soldaten im Gesicht getroffen wurde und dadurch erblindete. Sein ganzes Leben lang rang Moore mit seinem Zorn, mit Bitterkeit und Wut auf die Briten, ganz besonders auf diesen einen Soldaten.

Dreißig Jahre nach dem Vorfall wurde Moore dann klar, dass er die Geschichte irgendwie zum Abschluss bringen musste. Nach langwieriger Suche gelang es ihm tatsächlich, den Soldaten ausfindig zu machen, der auf ihn geschossen hatte, und es wurde ein Treffen vereinbart. Dabei wurde dann unter Tränen und Reue um Vergebung gebeten und es wurde Vergebung angenommen. Moore sagt: „Danach geschah etwas ganz Merkwürdiges und gleichzeitig Wunderbares. In mir veränderte sich etwas. Es war irgendwie paradox, denn mir wurde klar, dass das Geschenk der Vergebung, das ich dem Soldaten zu geben glaubte, in Wirklichkeit ein Geschenk von Gott an mich war. Dabei spielte es noch nicht einmal eine Rolle, ob der Soldat überhaupt Vergebung wollte oder brauchte. Das Geschenk befreite mich und bewirkte, dass ich heiter und gelassen war und mich beschenkt fühlte.

Meine gesamte Kindheit hindurch hatte sich meine Mutter das Unmögliche für mich gewünscht – nämlich dass ich wieder sehen könnte.“ Moore erinnert sich, wie er als Kind manchmal mitten in der Nacht aufwachte und wie dann seine Mutter neben seinem Bett kniete und Gott anflehte, ihm sein Augenlicht zurückzugeben. Er sagt: „Ich glaube, dass die Gebete meiner Mutter erhört wurden in dem Moment, als ich den Soldaten traf und ihm vergab. Ich bekam eine neue Sicht, und meine eigentliche Wunde – die Wunde, die viel dringender Heilung nötig hatte als meine Augen – wurde geheilt.“[3] Die viel tiefere, die eigentliche Wunde, war endlich geschlossen.

Auch unsere unsichtbaren Wunden können auf diese Weise heil werden. Ich frage mich, wie viele Menschen wohl von ihrem Frust und ihrer Wut auf andere geheilt werden könnten, wenn sie nur einmal kurz innehalten und erkennen würden, dass die Person, die sie verletzt und damit (vielleicht verdientermaßen!) ihren Zorn auf sich gezogen hat, immer noch ein Mensch ist und damit Ebenbild Gottes. Dieser andere spiegelt den himmlischen Vater wider. Wir erleben so viel

> Wir erleben so viel mehr Freiheit und Freude in unserem Leben, wenn wir loslassen und vergeben.

mehr Freiheit und Freude in unserem Leben, wenn wir loslassen und vergeben.

Gibt es Menschen, denen Sie vergeben müssen? Gibt es jemanden, auf den Ihr Zorn immer noch wächst? Kann sich Bitterkeit in Ihrem Leben breitmachen? Wenn ja, lassen Sie nicht länger zu, dass Ihre Unversöhnlichkeit all das Gute in Ihrem Leben zunichtemacht.

Denken Sie einmal über Gottes erstaunliche Gnade und Vergebung Ihnen gegenüber nach. Und dann gehen Sie auf jemanden zu, dem Sie vergeben müssen. Bieten Sie ihm Vergebung an und bedenken Sie, dass das Wichtigste dabei nicht ist, wie der andere reagiert, sondern das, was in Ihrem Innern geschieht.

Als wir in größter Not waren, schickte Gott Jesus auf die Erde, um diese Not zu beenden. Wenn andere Menschen in großer Not sind, können wir für sie zum lebendigen Beweis für den Gott der neuen Schöpfung werden.

Zum Schluss

So herausfordernd und überwältigend die Fragen nach dem *Warum* in unserem Leben auch sein mögen – so haben wir doch festgestellt, dass die Bibel uns auf eine viel grundlegendere und wichtigere Frage hinweist: Die Frage nach dem *Wer*. Wer ist es, dem wir vertrauen? An wem halten wir uns fest, wenn es stürmisch wird in unserem Leben? Immer wieder aufs Neue werden wir herausgefordert, Gott zu vertrauen, an ihm festzuhalten und bei ihm Zuflucht zu suchen. Er ist gut, und er wirkt auch dann an seinem Plan, wenn wir es nicht merken. All das erfordert von uns, dass wir reif werden im Glauben und unsere Erwartungen an Gott und andere neu definieren. Uns muss klar werden, dass es in dieser Welt um Gott und seine Herrlichkeit geht und nicht in erster Linie um uns und unsere Bequemlichkeit. Wir lernen, Gott anzubeten, und gehen das Risiko ein, ihm rückhaltlos und furchtlos zu vertrauen.

> In dieser Welt geht es mehr um Gott und seine Herrlichkeit, als um uns und unsere Bequemlichkeit.

Nachdem wir aus dem endlosen Kreislauf der *Warum*-Fragen ausgestiegen sind und die Frage nach dem *Wer* geklärt haben, möchten wir wissen, *wie* wir weitermachen und die Scherben wieder zusammensetzen sollen. Wir haben festgestellt, dass dieser Weg, auf dem wir um Freude kämpfen, vergeben lernen und jeden Moment aus der Gnade Gottes leben, kein Weg ist, den wir allein, sondern lieber in Gemeinschaft mit anderen gehen sollten. Wir haben uns mit vielen ganz praktischen Dingen beschäftigt, die eine Rolle spielen, wenn wir Gott in schweren Zeiten erleben und mit Hoffnung und geheilt unseren Weg fortsetzen.

Wenn es jemanden gibt, der Grund hätte, durch die Fragen nach dem *Warum* bezüglich seiner Kindheit oder all des Leides in unserer zerbrochenen Welt wie gelähmt zu sein, dann mein Freund Wess Stafford, Vorsitzender des Kinderhilfswerkes Compassion International. Als Sohn baptistischer Missionare wuchs er in dem Dorf Nielle an der Elfenbeinküste auf. Er berichtet, wie er oft beim Einschlafen in der Ferne Trommeln hörte. Manchmal meldeten die Trommeln die Ankunft Fremder oder sie waren ein Zeichen dafür, dass irgendwo ein Fest gefeiert wurde, aber oft ertönten sie auch als Totengeleit für Kinder, die an Malaria, Masern oder Schlangenbissen gestorben waren. Wenn ein solches „Totentrommeln" erklang, lag Wess auf seiner Pritsche und weinte um diese Kinder. Für ihn waren diese Menschen keine Zahlen in irgendeiner Statistik, sondern Freunde.

Er erinnert sich an ein traumatisches Erlebnis, das er einmal hatte, als er mit einem Freund spielte und dieser von einer Schlange gebissen wurde. Es war allen klar, dass jede Hilfe zu spät kommen würde, und Wess hielt seinen Freund in den Armen, bis er starb.

In seinem Büro hat Wess ein Foto von den Freunden aus seiner Kindheit. Die meisten von ihnen starben, bevor sie achtzehn waren.

Wess besitzt auch eine Glocke, die ihn an die Glocke in dem Internat erinnert, das er in Afrika besuchte. Wenn diese Glocke erklang, mussten sich alle Schüler versammeln, und es wurde eine Liste der Kinder verlesen, die „böse“ gewesen waren. Die genannten Kinder wurden dann auf übelste Weise verbal und körperlich misshandelt. Irgendwann schätzte Wess, dass er in einer ganz normalen Woche etwa siebzehn Mal Schläge bekam. Wess dachte, das wäre ganz normal so. Die Welt war eben grausam, und Kinder mussten dafür bezahlen.

Wess hätte allen Grund gehabt, sich ganz in sich selbst und seinen Schmerz zu verkriechen, aber stattdessen setzte er sich für diejenigen ein, die litten, und versuchte etwas zu verändern. Zunächst arbeitete er als Beauftragter im Außendienst der Organisation Compassion, danach wechselte er in die Verwaltung der Organisation und schließlich wurde er ihr Vorsitzender. Wess ist wirklich einmalig. Er ist hochintelligent und gebildet und hat sogar einen Doktortitel in Philosophie von der Michigan State University, aber er meidet die traditionellen hierarchischen Strukturen, in denen immer noch Befehlen und Gehorchen von oben nach unten angesagt ist. Stattdessen nimmt er lieber in der Organisation, die er leitet, und den Menschen gegenüber, denen er hilft, die Position eines Dienenden ein. Er sagt: „Menschen haben außer Essen und einem Dach über dem Kopf noch ein paar weitere Grundbedürfnisse. Jeder sehnt sich danach, gekannt und geliebt zu werden.“ Und Wess gibt jedem in seiner Umgebung das Gefühl, dass diese Bedürfnisse wahrgenommen und bedacht werden.

Als ich einmal mit ihm durch ein Slumviertel in Ecuador ging, war ich so dankbar, dass Gott den Schmerz und das Leid, das Wess selbst erlebt hat, jetzt nutzt, um anderen zu helfen. Immer wieder hockte Wess sich hin, wenn er mit

Kindern sprach, um mit ihnen auf Augenhöhe zu sein. Man spürt einfach, wie sehr er Kinder mag. Er leitet die Organisation Compassion, weil er von dieser Position aus am meisten bewegen kann, aber man spürt, dass er am liebsten direkt mit den Kindern arbeiten würde. Seine Fürsorge für die Kinder der Welt ist ansteckend. Inzwischen kümmert sich Compassion um Menschen in mehr als fünfundzwanzig Ländern und belegt bei den Non-Profit-Hilfsorganisationen sowohl hinsichtlich der finanzwirtschaftlichen Kompetenz als auch der Effektivität immer einen der ersten Plätze. Wess hat als Kind so sehr gelitten, dass es ihn förmlich zerriss, aber dieses Leiden hat dazu geführt, dass er der Welt Hoffnung bringt. Dafür bin ich sehr dankbar.

Weitermachen

Wir haben festgestellt, dass Gott Sie kennt und liebt. Er weiß, wie Ihre Zukunft aussieht, und er möchte, dass Sie für diese Zukunft Hoffnung haben, auch wenn zurzeit alle Hoffnung verloren scheint. Wenn Ihr Leben auf schmerzliche Weise erschüttert worden ist, dann kann sich jeder Moment, der dann folgt, wie ein Nachbeben anfühlen. Ihre Seele sehnt sich nach Stabilität, Sicherheit und Geborgenheit. Finden Sie diese Sicherheit bei Jesus. Jesus sagt: „Bleibt in mir, und ich werde in euch bleiben. Denn eine Rebe kann keine Frucht tragen, wenn sie vom Weinstock abgetrennt wird, und auch ihr könnt nicht, wenn ihr von mir getrennt seid, Frucht hervorbringen" (Johannes 15,4). Gründen Sie Ihr Leben fest auf Jesus und vertrauen Sie ihm.

Überlegen Sie einmal: Der menschliche Körper besteht zu etwa siebzig Prozent aus Wasser. Wasser ist das, was man am dringendsten zum Leben braucht. Man kann wochenlang ohne Essen auskommen, aber ohne Wasser nur ein paar Tage. Doch so Leben spendend Wasser auch ist – wenn es abgestanden ist und faulig wird, kann es verheerende Auswirkungen haben. Abgestandenes, stehendes Wasser ist eine Brutstätte für Moskitos, die Hauptüberträger von Malaria und Denguefieber. Außerdem enthält abgestandenes Wasser viele Arten schädlicher, zum Teil sogar tödlicher Bakterien und Parasiten.

Und wie kommt es zu abgestandenem Wasser? Einfach ausgedrückt dadurch, dass es nicht mehr in Bewegung ist.

Was auch immer Sie tun, bleiben Sie nicht stehen im Leben. Schmerz bewirkt, dass man sich am liebsten hinkauern und in den Selbsterhaltungsmodus schalten möchte. Schmerz sorgt dafür, dass man sich am liebsten verkriechen möchte. Aber tun Sie das nicht! Kämpfen Sie gegen diesen Drang an. Bleiben Sie in Bewegung, wachsen Sie weiter, beten Sie weiter, schreien Sie weiter, weinen Sie weiter und fragen und suchen Sie weiter.

> Was immer Sie in Ihrem Leben tun – sorgen Sie dafür, dass Sie nicht stehen bleiben. Bleiben Sie in Bewegung, wachsen Sie weiter, beten Sie weiter, schreien Sie weiter, weinen Sie weiter, fragen und suchen Sie weiter.

Ein weiser Mann hat einmal das Leben mit einer Schubkarre verglichen. Wenn man versucht, eine voll beladene Schubkarre im Stehen zu wenden, kippt sie um. Bewegt man die Karre jedoch, kann man sie mühelos in jede beliebige Richtung lenken.

Bleiben Sie in Bewegung und erlauben Sie Gott, Ihr Leben zu lenken. Wenn ich Ihnen sage, dass ein Mensch, der verletzt ist, in der Bibel lesen, beten und mit der Gemeinschaft in seiner Gemeinde in Verbindung bleiben soll, dann klingt das vielleicht wie eine billige Floskel aus der Sonntagsschule. Aber wir müssen keine neuen Methoden erfinden, um Gott näher zu sein und unserer Heilung näher zu kommen. Die „alten" funktionieren immer noch bestens – allerdings nur, wenn wir sie auch anwenden.

Bei der praktischen Umsetzung all dessen ist auch Ihre Kreativität gefragt. Drucken Sie sich Bibelverse aus, die Ihnen in dieser Zeit besonders wichtig sind, und kleben Sie sie an das Armaturenbrett in Ihrem Auto, an Ihren Computerbildschirm, Ihren Badezimmerspiegel oder an andere Stellen, die Sie oft anschauen. Treffen Sie sich mit alten Freunden im Park oder im Bowlingcenter. Kommen Sie mit alten Freunden zusammen, um neue Erinnerungen zu schaffen. Auch das kann Ihre Genesung beschleunigen. Bitten Sie andere, für Sie zu beten. Die alten Methoden funktionieren immer noch, aber haben Sie keine Hemmungen, sie ein bisschen aufzufrischen. Vielleicht konzentrieren Sie sich ja schon auf das Positive, wenn Sie sich Gedanken darüber machen, wie Sie das anstellen sollen.

Alles wird neu

In Gottes Wort ist folgende großartige Aussage zu finden: „Siehe, ich mache alles neu" (Offenbarung 21,5; Elberfelder). Das ist natürlich eine Verheißung. Sie bezieht sich auf die Zukunft. Aber das Wort *siehe* impliziert, dass wir es sehen, was wiederum impliziert, dass wir danach *Ausschau halten müssen.* Man kann nicht sehen, wie Jesus alles neu macht, wenn man sich ganz auf sich selbst zurückzieht und sich dem Gebet, dem Wort Gottes und der Gemeinschaft mit anderen verschließt.

Eine weitere wunderbare Verheißung der Bibel (eine, die wir uns ebenfalls bereits angesehen haben) lautet: „Und wir wissen, dass für die, die Gott lieben und nach seinem Willen zu ihm gehören, alles zum Guten führt" (Römer 8,28). Was auch immer Sie gerade durchmachen – glauben Sie auf jeden Fall Folgendes: Gott wird das Schwere in Ihrem Leben sowohl dazu nutzen, Gutes darin zu bewirken, als auch dazu, seine Herrlichkeit auf dieser Welt zu offenbaren. Jede neue Zerbrochenheit wird zu einem Neubeginn. Weitere Rückschläge werden neue Chancen. Aus tiefem Schmerz wird tiefe Hingabe an den Erlöser. Selbst unsere Narben und Wunden können zu unserer Heilung beitragen, wenn wir an die tödlichen Wunden denken, die Jesus für uns auf sich genommen hat.

> Was auch immer Sie gerade durchmachen – glauben Sie auf jeden Fall Folgendes: Gott kann und wird das Schwere sowohl dazu nutzen, Gutes in Ihrem Leben zu bewirken, als auch dazu, seine Herrlichkeit in diese Welt hineinzubringen.

Psalm 23 ist wahrscheinlich der bekannteste Abschnitt der gesamten Bibel (neben Johannes 3,16). Und das aus gutem Grund. Aber vielleicht hat sich der Trost, den er uns vermittelt, ein wenig abgenutzt, weil wir die Worte inzwischen auf Sweatshirts und Kaffeebecher drucken. In diesem

Psalm Davids wird ein kummer-, aber auch ein hoffnungsvolles Herz offenbart. In Vers 4 steht Folgendes:

Auch wenn ich durch das dunkle Tal des Todes gehe,
fürchte ich mich nicht,
denn du bist an meiner Seite.
Dein Stecken und Stab schützen und trösten mich.

Wenn David von dem „dunklen Tal des Todes" spricht, übertreibt er kein bisschen, sondern meint es genau so. Die Menschen wollten ihn damals tot sehen – unter anderem auch König Saul. David war ein gezeichneter Mann. Er wusste, was es heißt, in die Schwermut des Schmerzes zu verfallen, am eigenen Leben zu verzweifeln. Aber weil er wusste, dass sein Leben schon vor Anbeginn der Welt entworfen war von dem Gott, der ihn in Ewigkeit liebte, konnte er Mut fassen, die Angst zurückweisen und Trost und Mut in der Führung durch den Herrn finden.

David war ein Mann, der schwere Sünden begangen hatte, darunter auch Ehebruch und Mord. Er war ein Mann, der tiefe Trauer kannte, denn er hatte ein Kind verloren. Er war ein Mann, der tiefen seelischen Schmerz kannte, weil er schon so oft das Gefühl gehabt hatte, von Gott im Stich gelassen worden zu sein. Und er wusste auch, wie es sich anfühlt, verlassen, bedroht, hinterfragt und gehasst zu werden. Und doch endet Psalm 23 mit den Worten:

Deine Güte und Gnade begleiten mich
alle Tage meines Lebens,
und ich werde für immer im Hause des Herrn wohnen.
(Psalm 23,6)

Wenn Sie wirklich darauf vertrauen, dass Sie durch Jesus Christus erlöst sind, und wenn Sie nur ein klein wenig Glauben haben, wird Gott den Weg vor Ihnen ebnen wie ein Hirte, und Güte und Gnade werden Sie für den Rest Ihres Lebens begleiten.

Vielleicht sind Sie jetzt gerade zerbrochen. Aber *siehe*! Er macht alles neu.

Impulse für Gesprächsgruppen

Der erste Rat, den ich Ihnen in Teil 2 dieses Buchs gegeben habe, lautete, Ihr persönliches Leid mit anderen zu teilen. Gehen Sie Ihre Probleme nicht allein an. Teilen Sie anderen mit, was los ist, und nehmen Sie Hilfe an.

Weil ich so sehr davon überzeugt bin, dass das Leben als Christ eine Sache der Gemeinschaft ist, war es mir ganz wichtig, dass dieses Buch einen Arbeitsteil enthält. Sicher können Sie von dem Buch auch profitieren, wenn Sie es allein für sich lesen. Aber wenn Sie sich mit ein paar Freunden zusammentun, denen es ähnlich geht wie Ihnen, und die verschiedenen Themen mit ihnen diskutieren, werden Sie noch sehr *viel mehr* davon profitieren – und Sie werden auf Ihrem Weg der Wiederherstellung weiterkommen.

Wenn Sie sich mit den Mitgliedern Ihrer Gruppe treffen, rüsten Sie sich mit einem Exemplar dieses Buchs, einer Bibel und der Entschlossenheit aus, völlig ehrlich zu sein in Bezug auf das, was Sie gerade durchmachen. Wo immer zwei oder drei in seinem Namen versammelt sind, so hat Jesus uns versprochen, ist er mitten unter ihnen, und so können Sie darauf vertrauen, dass er auch bei Ihnen ist. Er wird im Inneren eines jeden von Ihnen wirken und die zerbrochenen Teile Ihres Herzens wieder zusammenfügen.

Jud Wilhite

Zu Kapitel 1 – Zerbrochen

Lesen Sie die Einleitung und Kapitel 1.

Zur Einführung

1. Warum sind Sie gerade zerbrochen? Erzählen Sie Ihre Geschichte.

2. Was erhoffen Sie sich davon, dieses Buch zu lesen und darüber zu sprechen?

Kapitel-Rückblick

3. Welche *Warum*-Fragen haben Sie im Zusammenhang mit der Zerbrochenheit, die Sie gerade selbst erleben?

4. In Kapitel 1 heißt es: „Die Frage *warum* birgt die Gefahr, dass sie uns in Finsternis, Verwirrung, Frustration, Einsamkeit und Isolation stürzt. Sie hält uns in der Vergangenheit fest und hindert uns daran, weiterzugehen." Inwiefern bestätigt sich das in Ihrem Leben?

5. Sind Sie mit Jud Wilhite einer Meinung, dass es besser ist, nach dem *Wer* zu fragen, statt nach dem *Warum*? Teilen Sie seine Meinung, dass es mehr Sinn hat, Gott zu vertrauen, statt nach Erklärungen für Ihr Leid zu suchen? Erläutern Sie Ihre Antwort.

6. Wie leicht oder wie schwer fällt es Ihnen, trotz Ihres Leides Gott zu vertrauen? Was ist Ihrer Meinung nach nötig, damit Ihr Vertrauen zu ihm noch zunimmt?

7. Welche Fragen nach dem *Wie* haben Sie? Anders ausgedrückt, in welchen Bereichen brauchen Sie praktische Hilfe, um mit Ihrer Zerbrochenheit fertig zu werden?

Praktisch

Schreiben Sie, so wie Chris Trethewey im ersten Kapitel, einen Brief an Gott, in dem Sie ihm von Ihren Kämpfen und Ihrem inneren Chaos erzählen. Seien Sie dabei absolut ehrlich. Bringen Sie Ihren ganzen Schmerz zum Ausdruck, aber versuchen Sie auch, ihm Ihr Vertrauen auszudrücken, soweit Ihnen das möglich ist.

Wenn Sie möchten, lesen Sie Ihren Brief in der Gruppe vor.

Zu Kapitel 2 – Erwartungen neu ausrichten

Lesen Sie Kapitel 2.

Zur Einführung

1. Was macht Ihnen am meisten Mühe in Bezug auf das, was sich durch Ihr Leid in Ihrem Leben verändert hat?

Kapitel-Rückblick

2. Inwiefern unterscheidet sich Ihr neues *Jetzt* von Ihrem alten *Damals*?

3. Inwiefern hindert Sie Ihre Sehnsucht nach der Vergangenheit daran, mit mehr Elan in die Zukunft zu gehen?

4. Was halten Sie von der Vorstellung des Autors, dass wir die Menschen, Dinge und Erfahrungen in unserem Leben als Leihgaben von Gott betrachten sollten und nicht als Besitz? Klingt das für Sie vernünftig oder nicht?

5. Könnte es Ihnen helfen, die Sichtweise des Autors zu übernehmen und wenn ja, inwiefern?

6. Was ist notwendig, damit wir an den Punkt gelangen, an

dem wir, so wie Jesus im Garten Gethsemane, sagen können: „… dein Wille geschehe, nicht meiner“ (siehe Markus 14,36)?

Praktisch

Nehmen Sie ein Blatt Papier zur Hand und unterteilen Sie es in zwei Spalten. Notieren Sie in der linken Spalte Ihre Erwartungen an Gott und den Glauben, die durch Ihre Zerbrochenheit erschüttert worden sind, und notieren Sie dann rechts, inwiefern Sie diese Erwartungen möglicherweise korrigieren müssen.

Sprechen Sie mit den anderen Gruppenmitgliedern über die einzelnen Punkte und nehmen Sie deren Rat und Ermutigung an.

Zu Kapitel 3 – Schicksalsschläge

Lesen Sie Kapitel 3.

Zur Einführung

1. Welche Gefühle oder Verhaltensweisen von Hiob können Sie am besten nachvollziehen?

Kapitel-Rückblick

2. Was offenbaren die Verhandlungen zwischen Gott und Satan in den ersten Kapiteln des Buchs Hiob über das Wesen menschlichen Leidens? Welche Fragen bleiben offen?

3. Worin besteht der Unterschied, Gott zu verfluchen oder ihm unseren Schmerz ehrlich einzugestehen?

4. Wodurch wird für Sie persönlich am deutlichsten, dass Gott die absolute Autorität besitzt?

5. Wodurch wird im Buch Hiob am deutlichsten veranschaulicht, dass es um die Frage nach dem *Wer* und nicht nach dem *Warum* geht?

6. Obwohl Hiob noch vor seinem Tod auf wunderbare Weise belohnt wird, müssen viele Menschen bis nach dem

Tod darauf warten, dass im Himmel ihr Schmerz in Freude verwandelt wird. Können Sie sich mit dem Gedanken zufriedengeben, noch warten zu müssen, oder wollen Sie die Freude jetzt sofort?

7. In Kapitel 3 heißt es: „In der ganzen Bibel gibt es immer wieder Berichte von Gläubigen, die auf Gott vertrauen, als sie völlig zerbrochen sind. Es ist in Ordnung, wenn Sie nicht verstehen, warum. Halten Sie einfach fest an dem Gott, der an Ihnen festhält." Wie gut gelingt Ihnen dieses Festhalten?

Praktisch

Als Hiob in einer Krise steckt, betet er Gott an. Machen Sie es wie er und loben Sie Gott zusammen mit den anderen Gruppenmitgliedern. Singen Sie ihm Lobpreislieder, preisen Sie Gott im Gebet oder auf andere Weise, und geben Sie ihm die Ehre.

Zu Kapitel 4 – Beherztes Vertrauen

Lesen Sie Kapitel 4.

Zur Einführung

1. Haben Sie in Ihrem Leid je an der Liebe Gottes zu Ihnen gezweifelt? Wenn ja, beschreiben Sie, was in dieser Situation in Ihnen vor sich ging.

Kapitel-Rückblick

2. Wie kann es wahr sein, dass Gott uns liebt, wenn er zulässt, dass uns schreckliche Dinge zustoßen?

3. Inwiefern kann unser Leid uns blind machen für die Liebe Gottes?

4. Glauben Sie, dass Gott unserem Schmerz eher unbeteiligt oder mitfühlend gegenübersteht? Begründen Sie ihre Antwort.

5. Wieso ist die Auferstehung Christi ein so starker Beweis für Gottes Liebe zu uns?

6. Inwiefern sähe Ihre Reaktion auf Ihr Leiden anders aus, wenn Sie nicht an Jesus Christus glauben würden?

Praktisch

Das Kapitel „Beherztes Vertrauen“ beantwortet die Frage: „Können die Toten wieder leben?“ mit einem nachdrücklichen: „Ja, und durch den Glauben werde ich auch wieder leben.“ Sind Sie bereit, Ihr Vertrauen auf den allmächtigen, liebenden Gott zu setzen, der uns endgültige Erlösung verspricht? Wenn ja, nehmen Sie ein Blatt Papier und schreiben Sie auf, was Sie Gott sagen wollen. Wenn Sie Christus noch nicht als Ihren Erlöser angenommen haben, tun Sie es jetzt. Vielleicht möchten Sie ja auch Ihr Vertrauen ausdrücken, dass Gott Ihnen in diesem Leben vorläufige Heilung zuteilwerden lässt und Sie im kommenden Leben dann endgültig geheilt werden.

Tauschen Sie sich in der Gruppe über Ihre Gedanken dazu aus.

Zu Kapitel 5 – Lasten teilen

Lesen Sie Kapitel 5.

Zur Einführung

1. Fühlen Sie sich mit Ihrem Leid und Ihren Problemen allein oder haben Sie das Gefühl, dass Ihnen eine Gruppe beisteht? Wenn Sie sich allein fühlen, warum ist das so?

Kapitel-Rückblick

2. Wenn es Ihnen schlecht geht, suchen Sie dann eher die Gesellschaft anderer oder ziehen Sie sich eher in sich selbst zurück? Begründen Sie Ihre Antwort.

3. Warum fällt es Ihnen schwer, anderen gegenüber offen zu sein in Bezug auf Ihr Leiden? Welche Vorteile hat es zu versuchen, offen zu sein?

4. Wie geht es Ihnen, wenn andere Ihnen offen und ehrlich von ihrem Leid berichten?

5. Haben Sie schon einmal jemandem in seinem Leid Gottes Gnade und Trost vermittelt?

6. Welche Hilfe wünschen Sie sich jetzt in Ihrem persönlichen Schmerz von Ihren Mitchristen?

Praktisch

Ein Umfeld der Gnade kann eine Gruppe sein – egal, ob groß oder klein –, in der Menschen Mut gemacht wird, offen anzusprechen, was sie gerade durchmachen. Sprechen Sie in Ihrer Gruppe darüber, wo Sie in schweren Zeiten ein solches Umfeld der Gnade finden. (Hoffentlich ist Ihre Gruppe selbst ein solcher Ort der Gnade!) Sprechen Sie außerdem darüber, wie Sie dazu beitragen könnten, eine neue Umgebung der Gnade zu erschaffen.

Suchen Sie sich Hilfe und helfen Sie auch anderen durch Gottes Gnade.

Zu Kapitel 6 – Vorstellungen überprüfen

Lesen Sie Kapitel 6.

Zur Einführung

1. Fürchten Sie manchmal, Ihr Leiden könnte Gottes Strafe für eine bestimmte Sünde sein, die Sie begangen haben? Wenn ja, beschreiben Sie, was Ihnen dabei durch den Kopf geht.

Kapitel-Rückblick

2. Welche Argumente gegen die These, das Leiden sei eine Strafe Gottes, sind in der Bibel zu finden?

3. Welcher unnötige Schmerz kann durch diese falsche Vorstellung hervorgerufen werden?

4. Hat Ihnen schon mal jemand gesagt, Sie müssten mehr Glauben haben oder Ihre Sünden bekennen, um von Ihrem Leid befreit zu werden? Wenn ja, beschreiben Sie, wie das war.

5. Was ist falsch an der Behauptung, „Sie brauchen nur mehr Glauben“?

6. Beschreiben Sie den Unterschied zwischen konstruktiven und destruktiven Schuldgefühlen.

Praktisch

Wenn Sie sich mit einer Sünde aus der Vergangenheit oder mit destruktiven Schuldgefühlen herumquälen, tun Sie, was Jud Wilhite einem seiner schuldgeplagten Gemeindemitglieder rät: Lesen Sie Psalm 51 und bekennen Sie Gott Ihre Sünde ein weiteres und letztes Mal. Vielleicht wollen Sie Ihre Sünde ja auch im Rahmen Ihrer Gruppe bekennen (siehe Jakobus 5,16). Und dann erwähnen Sie diese Sünde nie wieder.

Sollten Sie später immer noch versucht sein, sich aufgrund dieser Sünde verdammt zu fühlen, nehmen Sie biblische Verheißungen für sich in Anspruch, wie zum Beispiel die folgenden:

So fern der Osten vom Westen ist, hat er unsere Verfehlungen von uns entfernt (Psalm 103,12).

Also gibt es jetzt für die, die zu Christus Jesus gehören, keine Verurteilung mehr (Römer 8,1).

Doch wenn wir ihm unsere Sünden bekennen, ist er treu und gerecht, dass er uns vergibt und uns von allem Bösen reinigt (1. Johannes 1,9).

Zu Kapitel 7 – Warten auf Gott

Lesen Sie Kapitel 7.

Zur Einführung

1. Fühlen Sie sich wie in einem Wartezimmer, wo Sie nichts anderes tun, als darauf zu warten, dass Ihr Leid vorbeigeht und dass Gott etwas für Sie tut? Wenn ja, wie fühlt sich das an?

Wie ungeduldig sind Sie auf einer Skala von 1 bis 10, wenn 1 bedeutet „Ich werde damit fertig“ und 10 „Ich will hier raus!“?

1 2 3 4 5 6 7 8 9 10

Kapitel-Rückblick

2. Haben Sie je die „dunkle Nacht der Seele“ erlebt, also eine Zeit, in der Sie das Gefühl hatten, dass Gott unglaublich fern war und schwieg? (Vielleicht stecken Sie auch gerade mitten drin.) Wenn ja, beschreiben Sie, wie das ist.

3. Wie können Sie die Zuversicht erlangen, dass Gott lebendig und aktiv ist und auch dann zu Ihrem Besten wirkt, wenn Sie es nicht merken?

4. Wie könnte Gott Ihre dunkle Nacht der Seele nutzen, um Ihren Glauben reifen zu lassen oder Sie auf einen größeren Dienst vorzubereiten?

5. Hat es in Ihrer Vergangenheit Zeiten gegeben, in denen Gott Ihnen seine Treue gezeigt und Sie gesegnet hat? Wie kann Ihnen die Erinnerung an diese Zeiten in Ihrer momentanen Wartephase als Ermutigung dienen?

6. Wie können Ihnen das Opfer, das Jesus durch seinen Tod für Sie erbracht hat, und seine siegreiche Auferstehung als Ermutigung dienen?

7. Schämen Sie sich manchmal, weil Sie gerade in einer schlechten Phase stecken und darauf warten, dass Gott handelt? Wenn ja, wie können Sie mit mehr Hoffnung und Zuversicht warten?

Praktisch

Während Sie darauf warten, dass Gott Ihr Leid lindert, sollten Sie einen oder mehrere der folgenden Schritte tun, um Trost zu finden. Sprechen Sie auch mit Ihrer Gruppe darüber, was für Sie konkret die beste Möglichkeit ist.

- Wenn Sie sich isoliert fühlen, schließen Sie sich einer Gruppe an, in der man Leben und Schmerz miteinander teilt.

- Wenn Sie einfach Ruhe brauchen, um das, was Ihnen passiert ist, zu verarbeiten, nehmen Sie sich Zeit für sich allein, um mit Gott über Ihren Schmerz zu reden und ihn mit ihm zusammen zu verarbeiten.

- Wenn Sie merken, dass Sie all Ihre Gefühle in sich verschließen, versuchen Sie bewusst, sie auszudrücken in Form von Worten oder Musik oder Malerei oder wie auch immer.

- Wenn Sie einen Menschen verloren haben, der Ihnen sehr nahestand, denken Sie sich eine Art Ritual aus, mit dem Sie seiner gedenken.

- Wenn Sie daran erinnert werden müssen, dass Gott weiß, was Sie gerade durchmachen, lesen Sie in der Bibel nochmals die Geschichten der Menschen, die großes Leid erfahren, und sehen Sie sich an, wie Gott sie tröstet.

Zu Kapitel 8 – Um Freude kämpfen

Lesen Sie Kapitel 8.

Zur Einführung

1. Würden Sie sagen, dass Sie gerade mitten in einer Depression stecken? Hatten Sie früher schon einmal Depressionen? Wenn ja, beschreiben Sie, wie das ist.

Kapitel-Rückblick

2. Haben Sie schon einmal erlebt, wie Christen andere Christen unter Druck gesetzt haben, so zu tun, als wäre alles in Ordnung, obwohl das gar nicht der Fall war? Haben Sie sich auch selbst schon auf diese Weise unter Druck gesetzt?

3. Was halten Sie davon, wenn Christen Medikamente gegen Depressionen nehmen? Finden Sie das in Ordnung oder nicht?

4. Falls Sie unter Depressionen leiden – wie, glauben Sie, könnte Gott diese dazu einsetzen, Sie auf einen großen Segen vorzubereiten?

5. Wenn Sie unter Depressionen leiden – wie groß ist Ihre Hoffnung, dass Gott Sie heilt? Was tun Sie, um für Ihre Freude zu kämpfen?

Praktisch

Im Kampf um Ihre Freude ist es wichtig, dass Sie aktiv Schritte tun, die Sie in die richtige Richtung lenken. Zum Beispiel:

- Gehen Sie zum Arzt und befolgen Sie dessen Anweisungen.
- Ernähren Sie sich gesünder.
- Treiben Sie mehr Sport.
- Fangen Sie ein neues Hobby an oder legen Sie sich ein Haustier zu.
- Beten Sie mehr.
- Richten Sie Ihre Einstellung und Ihren geistigen Fokus neu aus.
- Weitere:

  ____

  ____

  ____

Zu Kapitel 9 – Vergeben lernen

Lesen Sie Kapitel 9 und das Schlusswort.

Zur Einführung

1. Inwiefern spielt der Zorn auf eine andere Person oder auf Gott eine Rolle bei Ihrem derzeitigen Leiden?

Kapitel-Rückblick

2. In Kapitel 9 heißt es: „Mangelnde Bereitschaft zu vergeben ist das Hindernis Nummer eins auf dem Weg zu Heilung und Freude.“ Stimmen Sie dieser Aussage zu oder halten Sie sie für falsch? Begründen Sie Ihre Antwort.

3. Beschreiben Sie, wie Sie einmal jemandem vergeben haben, der/die Sie verletzt hat. Oder beschreiben Sie, wie Ihnen einmal vergeben wurde. Was haben Sie aus dieser Erfahrung über Vergebung gelernt?

4. Warum ist es falsch, auf Rache zu sinnen, wenn uns jemand verletzt hat?

5. Welchen Preis müssen wir bezahlen, wenn wir Bitterkeit und Zorn Raum geben?

6. Welche Vorteile hat Vergebung?

7. Wie kann Gottes Vergebung Ihnen gegenüber Sie dazu motivieren, anderen zu vergeben?

Praktisch

Müssen Sie jemandem vergeben? Wenn ja, holen Sie sich die Unterstützung Ihrer Gruppe, um zu überlegen, wie das am besten geschehen kann. Und dann zögern Sie es nicht weiter hinaus. Vergeben Sie von Herzen und dann erholen Sie sich.

Zusammenfassung

8. Was haben Sie durch die Lektüre dieses Buches und die Gespräche in der Gruppe gelernt?

9. Wie wollen Sie die grundlegenden geistlichen Übungen des Betens, Bibellesens und der Gemeinschaft mit anderen Christen nutzen, um zu sehen und zu erleben, wie Gott „alles neu macht“ (siehe Offenbarung 21,5)?

10. Welche Anzeichen gibt es bereits jetzt dafür, dass Gott Ihre Zerbrochenheit heilt?

Quellenangaben

Einleitung

1. *Der Herr der Ringe*, J. R. R. Tolkien, © Cotta'sche Buchhandlung Nachfolger GmbH, gegr. 1659, Stuttgart 2009, http://www.amazon.de/Der-Herr-Ringe-Gef%C3%A4hrten-R%C3%BCckkehr/dp/3608938281/ref=sr_1_2?s=books&ie=UTF8&qid=1338885991&sr=1–2#reader_3608938281

2. Bart Ehrman, zitiert in Stanley Fish, „Suffering, Evil and the Existence of God", *New York Times*, 4. November 2007, aus dem Amerikanischen übersetzt. http://opinionator.blogs.nytimes.com/2007/11/04/suffering-evil-end-the-existence-of-god.

Kapitel 2

1. Camerin Courtney, *Blessed Disillusionment*, Kyria Online, 2005, www.kyria.com/topics/hottopics/thesinglelife/mind50330.html?start=1; Auszug aus dem Amerikanischen übersetzt.

2. Augustinus (354–430), Zweiundzwanzig Bücher über den Gottesstaat, generiert von der elektronischen BKV, von Gregor Emmenegger/Ottmar Strüber (Text ohne

Gewähr). **Text aus:** Des heiligen Kirchenvaters Aurelius Augustinus zweiundzwanzig Bücher über den Gottesstaat. Aus dem Lateinischen übers. von Alfred Schröder. (Des heiligen Kirchenvaters Aurelius Augustinus ausgewählte Schriften 1–3, Bibliothek der Kirchenväter, 1. Reihe, Band 01, 16, 28) Kempten; München 1911–16, Buch 1, S. 38/39, www.unifr.ch/bkv/rtf/bkv91.rtf.

3. Philip Yancey: *Von Gott enttäuscht. Durch Leiden an Gott in der Liebe zu ihm wachsen.* SCM R. Brockhaus; 1. Aufl. (19. Februar 2007); Zitat aus dem Amerikanischen übersetzt.

Kapitel 3

1. Scott Rigsby, zitiert in „The Scott Rigsby Story: Unthinkable“, www.scottrigsby.com; aus dem Amerikanischen übersetzt.

2. Richard Swenson, *More Than Meets The Eye: Fascinating Glimpses of God's Power and Design* (Colorado Springs: NavPress, 2000), S. 149; aus dem Amerikanischen übersetzt.

Kapitel 4

1. Brennan Manning: *Verwegenes Vertrauen*, SCM R. Brockhaus; 1. Aufl. (17. Juli 2002); Auszug aus dem Amerikanischen übersetzt.

2. Tony Snow: *Cancer's Unexpected Blessings*, Christianity Today Online, 20. Juli 2007, www.christianitytoday.com/ct/2007/july/25.30.html.

3. D. A. Carson: *How Long, O Lord? Reflections on Suffering and Evil* (Grand Rapids, MI: Baker, 1990), S. 243; Auszug aus dem Amerikanischen übersetzt.

4. *The Princess Bride*, Regie: Rob Reiner (Beverly Hills: Act III Communications, 1987); Auszug aus dem Amerikanischen übersetzt.

5. C. S. Lewis: *Mere Christianity* (New York: Macmillan, 1952), S. 118–121; Auszug aus dem Amerikanischen übersetzt.

Kapitel 5

1. Bono, zitiert in „One" (U2-Lied), Wikipedia, http://en.wikipedia.org/wiki/One_(U2_song)#; Auszug aus dem Amerikanischen übersetzt.

2. Dietrich Bonhoeffer, *Life Together* (San Francisco: Harper & Row, 1954), S. 23, http://www.randomhouse.de/content/edition/excerpts/24452.pdf.

Kapitel 6

1. C. S. Lewis, *A Grief Observed* (New York: Harper-Collins, 1961), S. 15; Auszug aus dem Amerikanischen übersetzt.

2. *Super Size Me: A Film of Epic Portions*, Regie: Morgan Spurlock (New York: Kathbur Pictures, 2004).

Kapitel 7

1. Aaron Ralston, zitiert in „Then & Now: Aaron Ralston", CNN, 19. Juni 2005, www.cnn.com/2005/US/04/04/cnn25.tan.ralston/index.html; Auszug aus dem Amerikanischen übersetzt.

2. Andrew Murray: *Warten auf Gott*, Achter Tag, http://galater5.jimdo.com/warten-auf-gott/.

3. Paul Reber: „What Is the Memory Capacity of the Human Brain?" *Scientific American Mind*, Mai 2010, www.scientificamerican.com/article.cfm?id=what-is-the-memory-capacity, Auszug aus dem Amerikanischen übersetzt.

4. Earl Warren, zitiert in Jim Newton: *Justice for All; Earl Warren and the Nation He Made* (New York: Pengiun, 2007), S. 407; Auszug aus dem Amerikanischen übersetzt.

5. *Auf Messers Schneide – Rivalen am Abgrund*; Originaltitel: *The Edge*, Regie: Lee Tamahori (Los Angeles: Twentieth Century Fox, 1997)

Kapitel 8

1. Aus: „What Is Depression?“ All About Depression, www.allaboutdepression.com/gen_01.html; Auszug aus dem Amerikanischen übersetzt.

2. Charles Spurgeon, zitiert in John Piper: „Charles Spurgeon: Preaching Through Adversity“, *Founders Journal*, www.founders.org/journal/fj23/article1.html; Auszug aus dem Amerikanischen übersetzt.

3. Charles Spurgeon, zitiert in Elizabeth Ruth Skoglund: *Bright Days, Dark Nights: With Charles Spurgeon in Triumph over Emotional Pain* (Grand Rapids, MI: Baker, 2000) S. 32–33; Auszug aus dem Amerikanischen übersetzt.

4. Charles Spurgeon, zitiert in John Piper: „Preaching Through Adversity“; Auszug aus dem Amerikanischen übersetzt.

5. Richard Winter: *The Roots of Sorrow: Reflections on Depression and Hope* (Wheaton, IL: Crossway, 1986), S. 55.

6. Skoglund, *Bright Days, Dark Nights*, S. 31; Auszug aus dem Amerikanischen übersetzt.

7. Elberfelder Studienbibel mit Sprachschlüssel und Handkonkordanz, © 1994/2001 SCM R. Brockhaus im SCM-Verlag GmbH & Co. KG, Witten, © für den Bibeltext 1985/1991/2006 SCM R. Brockhaus im SCM-Verlag GmbH & Co. KG, Witten; Textstand Nr. 28, 6. Auflage 2009; Lexikalischer Sprachschlüssel #1872, S. 1555.

8. David Martyn Lloyd-Jones: *Spiritual Depression: Its Causes and Its Cure* (Grand Rapids: Eerdmans, 1965), S. 210; Auszug aus dem Amerikanischen übersetzt.

9. C. S. Lewis, *A Grief Observed* (New York: Harper-Collins, 1961), S. 3, 46; Auszug aus dem Amerikanischen übersetzt.

Kapitel 9

1. Michael Berg, zitiert in einem Radiointerview, Auszug aus dem Amerikanischen übersetzt; Peter Katz, www.peterkatz.org/audio/peterkatz_aihinterview.mp3.

2. Siehe Peter Katz, www.peterkatz.com/forgiveness.html.

3. Richard Moore, zitiert in einem Radiointerview von Pat Coyle für Sacred Space, http://sacredspace.ie./en/a-journey-in-forgiveness/; Auszug aus dem Amerikanischen übersetzt.